Dedicate to the SPACE

目次

推薦序

打開窗，讓風吹進來

嚴長壽
公益平台文化基金會董事長
台東均一國際教育實驗中學董事長

認識世賢應該是在一九九八年，當時我擔任台灣觀光協會會長，想以「茶」作為當屆中華美食展的主題，便帶著各大飯店主廚參觀坪林茶業博物館，而協助導覽的就是時任副館長的世賢。世賢很熱情，有專業，應對得體，我毫不考慮就邀請他加入我們的團隊，促成了茶鄉廚師與星級飯店的交流，出版一套茶食譜，並完成美食展。

後來，我受辜振甫董事長的邀請，暫時從亞都借調到圓山大飯店，協助重建圓山的新形象，也找世賢來經營茶餐廳。那一段與不同思維的人共事的過程很有啟發性，我嘗試從同理、同心、到同事，與同仁們一起朝向共同目標邁進。一年半後，圓山轉虧為盈，我完成了階段性任務，回到亞都。

二〇〇一年，世界宗教博物館開館，台北接待了許多世界級的宗教領袖，我則受邀參加開幕典禮，又看到世賢。我問他怎麼會在這裡？他說他是佛教徒，心願是成立佛陀博物館，但是心道法師為各宗教服務的志願更大，所以他就來此地上班了，讓我重新認識世賢另外帶著一種宗教人使命感的一面。

生命如風，流轉迅速，無論是逆風而行，或御風而上，都是對自己生命的負責。二〇〇九年，我決定放下創立三十年的亞都飯店，實現生命中最後一個改變偏鄉的願望，於是成立了公益平台基金會，後來又進一步接手經營均一中小學，希望為偏鄉教育帶來一些翻轉的力量。

平日，我多半在學校或家裡自己準備三餐，偶爾到市區用餐，經常選擇的就是聖母健康會館，這裡有好吃又健康的素食。沒想到，我又意外的見到了世賢，原來他已經來台東聖母醫院服務好多年了。多年不見，更見沉穩。聽他講著白冷會神職人員奉獻的故事，令我悠然神往。除了第一次深談，大多數時間世賢都不會打擾我，讓我可以一個人安安靜靜享受用餐，這是他的體貼。有一陣子菜價大漲，健康會館的客人特別多，大家都來搶便宜。我當然知道經營成本，幾乎是買一賠一，我不禁擔心撐得下去嗎？不久後，會館宣布下個月起即將調漲，有一個經常來此用餐的均一小朋友及家人跑來告訴我，要我趕緊買餐券，可以省很多錢。我謝謝他，但並沒有行動。小朋友又跑來勸我，我告訴他，我就是要等調漲了才買，過去經營餐旅事業的我，更能夠體驗餐廳經營的困難，也算是間接對會館的支持。

因為工作關係，我曾經旅行世界各地，宗教始終是各國文化最精彩的部分，幾乎無所不在，也最吸引人。包括聖誕節、嘉年華、媽祖繞境等世界各大節慶，表現於建築的金字塔、馬雅遺址、高第聖家堂、敦煌石窟等，藝術作品如達文西的〈最後的晚餐〉、〈聖母與聖子〉、米開朗基羅的〈創世紀〉、〈聖殤〉等，數不盡的人類遺產。宗教經典對安定人心的力量很大，但我們也不得不承認，宗教有時也具有強烈的排他性，甚至於有些戰爭也因為宗教而起。

世賢是個有福的人，有機會親身接觸這麼多跨宗教精彩的人物，參與過許多和平工作，他從經典學習，活出自己的生命，以不一樣的語彙，向我們介紹經典。我很為他高興，也樂於向你推薦此書。或許有些觀念不一定是每個人都認同，但這不就是對話的開始？

書中有這麼一段話：「宗教，是幫助人們認識世界的一扇窗，不同的宗教以不同的方式打開心靈地圖，帶你去遊歷豐富的心靈世界。而宗教交談，就是和不同信仰者分享彼此體會到的心靈世界，因為交流而擴大對世界的認識。或許有那麼一個瞬間，你將以嶄新的視野重獲新生。」

是時候了，打開窗，讓聖神的風吹進來吧。

前言

我是無名小卒！你是誰？

I'm nobody ! Who are you ?
Are you nobody, too ?
Then there's a pair of us-don't tell !
They'd banish us, you know.
How dreary to be somebody !
How public, like a frog
To tell your name the livelong day
To an admiring bog !

我是無名小卒！你是誰？
你也是無名小卒？
那麼我們是一對無名小卒了，噓，別告訴別人！
你知道的，他們會把我們趕走。
做個重要人物多沉悶哪！
像隻青蛙一樣，多庸俗！
一天到晚介紹自己的名字，
沉溺在讚美的泥沼之中！

某日，我在書局的架上看到美國詩人艾蜜莉．狄金生（Emily Dickinson, 1830-1886）的英文詩集，是全新版本，我隨手一翻，竟然是這篇〈我是無名小卒！你是誰？〉。我既驚且喜，因為這是我唯一背過她的一首詩。

我是誰？我是一名佛教徒，在天主教醫院擔任執行長長達十年，白天我讀〈天主經〉，晚上我念〈大悲咒〉，二十年的宗教交談經驗，我與其他宗教信徒一起經驗了許多神秘奇蹟。神秘呼喚我、引導我，逐漸發現自我，我慢慢理解到我的「天命」——種種奇妙的安排，就是要我去做「宗教交談」。

「宗教交談」，是在一九六四年天主教大公會議之後才出現的專有名詞，對於唯一真神的信仰而言，是一個前所未聞的觀念。其實在佛教經典也存在著宗教交談的概念，那就是《法華經》，全名《妙法蓮華經》。

《法華經》，人稱經中之王，在佛法流布的記錄上，《法華經》是佛陀生命晚期最後八年的說法內容。在歷史考證上，《法華經》出現在西元前後，是小乘佛教進入大乘佛教的重要關鍵，從強調個人修持、離苦得樂的「阿羅漢」層次，擴展到幫助世界解脫的「菩薩」境界，直到覺悟成「佛」。全書二十八品，佛陀鼓勵不同層次的修行人，讚歎不同世界的覺悟者，不斷破除許多既定概念：無論學識高低、性別差異、年齡資歷、善惡好壞，甚至時間與空間等限制，「超越」的發展出「與神對話」、「與神同在」的覺悟境界，最後匯流成法花齊放的美好天堂。著名的〈觀世音菩薩普門品〉即是其中一篇，觀世音菩薩以三十三種化身「尋聲」救苦，恰恰呼應了宗教交談的開始，是從「聆聽」開始，是友誼、是服務，正是菩薩的慈悲本懷。

換言之，**對於佛教徒來說，宗教交談是大乘佛法的具體實踐。對於不同宗教信徒而言，宗教交談可以擴大自己信仰的深度與廣度**。

當然，沒有宗教交談不會怎麼樣，各個宗教光是自己的活動就已經夠忙的了，多數宗教人士習慣活在各自宗教的同溫層，對於其他宗教根本漠不關心，甚或扭曲批評，連基本尊重都做不到，遑論交談？而目前枱面上負責宗教交談的神職人員，宗教交談多半不是他們工作上的第一優先，偶而有機會與不同宗教的神職人員參與活動，也只能各自表述，然後自我感覺良好的說：「不同宗教能坐在一起已經很不容易了。」

啥？層次差太遠了吧！

有趣的是，《法華經》第二品認為對於那些心胸狹隘、性格偏差、驕傲自大，沒有悟道卻自以為悟道的人，不用跟他說這麼重要的經典。這些人聽了，不但不會相信，只怕徒增困擾。宗教交談也是，只說給準備好的、有信仰的人聽，無須爭辯，不必勉強。

那麼說，宗教交談重要嗎？可不可以拿香拜拜？可不可以拜祖先？拜過的供品能不能吃？和不同宗教信仰的人如何相處？能談些什麼？有沒有禁忌？如何避免衝突？不同信仰可不可以結婚？婚後如何生活？從生到死，與宗教相關的問題實在太多了。通常代為解答問題的人是神職人員，偏偏觀念狹隘的神職人員所在多有。

還記得台灣發生九二一大地震時，有好些基督教牧師在禮拜時說，地震死傷的人是因為沒有信仰基督。我的天呀，他們知道他們在說什麼嗎？（到現在還有）信主得永生，不信主的呢？難道全世界不跟他們同一信仰的幾十億人都該死嗎？再激進一點，世界上也充斥著假宗教之名卻是進行殘酷殺戮的宗教狂人。二〇一八年五月，印尼發生自殺攻擊，一個伊斯蘭教家庭的父母親帶著十八歲及十六歲兒子，還有十二歲和九歲女兒，以自殺炸彈攻擊三間天主教教堂，造成重大死傷。這麼小的孩子跟天主教能有什麼仇恨？還不是大人的無知和神職人員的誤導。二〇一一年七月，負責頒發諾貝爾獎的挪威，一名自以為是中世紀天主教組織聖殿騎士團的青年，長期主張以暴力消滅伊斯蘭教和多元文化，持槍殺害參加夏令營的無辜青年，造成七十七人死亡。最可怕的是，凶嫌聲稱殺戮是殘暴而必要的，表示他的整個想法完全偏差。這些因宗教所引起的流血衝突年年發生，是造成人心惶惶的不定時炸彈，但神職人員仍不知警醒。難道他們不知道，宗教沒有和平，世界不可能和平！

教宗方濟各原是阿根廷主教，曾發生過這件事：

> 福音派教會第一次邀我參加他們在月神公園（Luna Park）的聚會時，整個運動場都坐滿了。那一天，一位天主教神父及一位基督教牧師都做了講演。他們兩人穿插著各講了兩場，中午時間休息吃三明治。中間某個時候，一位基督教牧師請大家為我及我的牧職工作祈禱。他有先問過我，是否接受他們為我的祈禱，我回答說，我當然接受。當他們祈禱時，我首先想到的就是跪下接受他們的祈禱與在場七千人的祝福，這是非常天主教的姿勢。事後的第二個星期，有本雜誌的標題寫著：「布宜

諾斯艾利斯，群龍無首。總主教變節叛教。」為他們而言，與外教人一同祈禱就是變節叛教。即使是一個對天主抱著懷疑的不可知論者，我們也可以一起仰望，尋找超性的啟示；每個人都可以以他自己的傳統祈禱。這有什麼問題嗎？

——摘自《與教宗對話》

宗教交談，實在還有很長遠的路要走。幸好我們還有佛陀、有耶穌、有經典、有信仰，還有無數精彩的人物千百年以來示範了信仰的真意，帶給我們信心。可是有時我仍不免懷疑，像我這樣的無名小卒有什麼資格去要求神職人員做宗教交談？我是誰？自以為是？自討苦吃？

曾經，我想效仿悉達多離家出走，尋求解脫。靜默中，有個聲音告訴我：「你不是悉達多，也不要成為釋迦牟尼佛。**你是你，獨一無二的你，要發揮自己，成為覺悟的獨特的人。**」

這就是《法華經》的主題：每個人都能成佛！「天上天下、唯我獨尊」並非自傲，而是存在的事實。每個人都是獨一無二的個體，端視你活出怎樣的生命意義。自覺？覺他？神秘的聲音不斷指引我要活出自己名字的意義——陳世賢，「陳」述「世」界「賢」哲之事。那不就是所有佛經起頭的四個字「如是我聞」？

這本書，我嘗試著從《法華經》的架構，以親身經歷的所見所聞，去探究宗教交談在人間的種種可能，或許也可以替不同意識形態的衝突提供一個交流與合作的可能。我希望，這本書可以超越時空的限制，禁得起考驗。我希望，你也可以因為宗教交談，找到屬於你的神恩，獲致更大的幸福。

理想中的宗教交談（攝於梵蒂岡宗教交談委員會入口）。

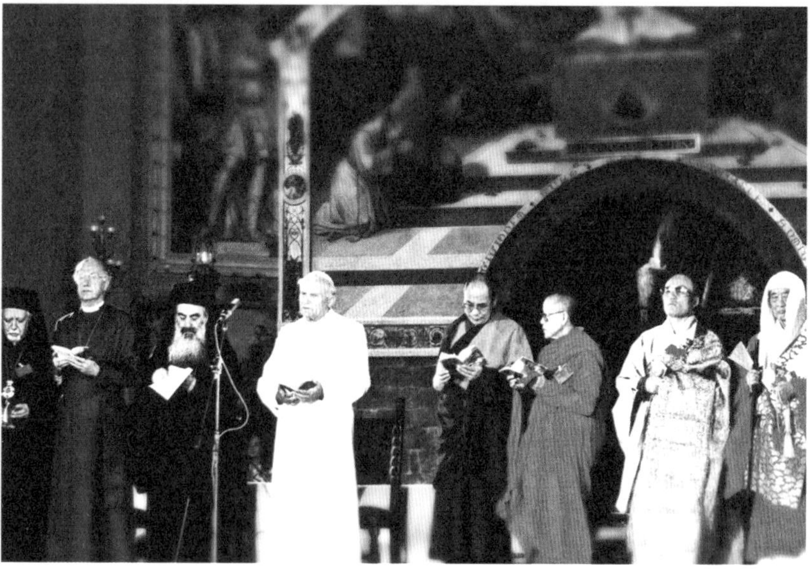

1986年第一屆世界宗教祈禱日在義大利亞西西舉行。

虛擬實境
讀法華

一時，佛住王舍城、耆闍崛山中，與大比丘眾萬二千人俱，皆是阿羅漢……菩薩摩訶薩文殊師利菩薩、觀世音菩薩等八萬人……天龍八部及其眷屬數萬人……佛陀開始說大乘經，說完之後，入於無量義處三昧，身心不動。是時天雨曼陀羅華……普佛世界，六種震動。爾時佛放眉間白毫相光，照東方萬八千世界，靡不周遍，下至阿鼻地獄，上至阿迦尼吒天。

——《法華經・序品第一》

《法華經》最古老的譯本約成於西元二二五年，早已佚失。現存最早的漢譯本由竺法護於二八六年譯成，但流傳最廣且影響最深遠的譯本為鳩摩羅什於四〇六年所譯，幾乎所有《法華經》的西方語言版本及注疏，皆奠基於鳩摩羅什的漢譯本。《法華經》雖然如此重要，但讀過《法華經》的佛教徒恐怕為數不多，一是文言文本身就有難度，再加上佛教名相繁多，若無人引導，恐怕很難深入瞭解。至於非佛教徒那更不用說了，恐怕一輩子都不會去翻閱此書。感謝科技的進步，二十一世紀的我們可以「虛擬實境」領略兩千五百年前的佛陀所描述的恢宏宇宙。

試著發揮我們的想像力吧。佛陀是類似蘋果公司執行長賈伯斯這樣的人物，頭上戴著無線麥克風，在可以容納數萬人的大型演講廳，發表一款新的「虛擬實境」軟體「靈魂APP」。同時，全世界有數百萬人在網路上同步觀看。佛陀坐上控制台，打開應用程式，全像式投影設備照亮整個超大型螢幕（佛放眉間白毫相光），以滿天飄花（天雨曼陀羅華）開場，影音搭配著互動的體感設備，產生「震、吼、擊、動、湧、起」（六種震動）逼真的臨場效果。螢幕四周還有許多視窗，超連結到不同網址，每個「理想國度」（普佛世界）翔實記錄著不同文化及其生活方式，包括當地心靈導師如何幫助人民獲得身心靈健康。這個軟體還可以連接不同的搜尋引擎，只要輸入姓名，即可顯示完整的個人資訊；掃描眼睛，甚至可以解讀個人靈魂訊息，瞭解你與周遭每個人之間的前世因果，甚至未來的可能發展……

洛桑龍達上師所繪之〈佛陀說法圖〉。洛桑龍達上師繼承熱貢唐卡，作品廣被布達拉宮、大昭寺、塔爾寺等寺收藏。

序品第一

爾時，佛放眉間白毫相光，照東方萬八千世界，靡不周遍，下至阿鼻地獄，上至阿迦尼吒天。於此世界，盡見彼土六趣眾生；又見彼土現在諸佛，及聞諸佛所說經法；並見彼諸比丘、比丘尼、優婆塞、優婆夷、諸修行得道者。復見諸菩薩摩訶薩種種因緣、種種信解、種種相貌，行菩薩道；復見諸佛般涅槃者；復見諸佛般涅槃後，以佛舍利起七寶塔。

爾時，彌勒菩薩作是念：「今者、世尊現神變相，以何因緣而有此瑞？今佛世尊入於三昧，是不可思議現稀有事，當以問誰？誰能答者？」

——《法華經．序品第一》

《法華經》以「如是我聞」開始，佛陀在某特地時空，與千百名弟子、數十萬名聽眾，還有另一空間的菩薩、天龍八部等數十萬眾生齊聚一堂，忽然間，滿天花雨，大地湧動，奇幻景象前所未見。原來，佛陀要講《法華經》了，他從文殊和彌勒的前世因緣說起……

對我而言，《法華經》所描述的場景是不可思議的，可望而不可及，我多麼期待也能參與這樣的盛會、與所有偉大人格者交談，向他們學習。當然，我也曾幻想，若我能知曉每個人與我的前世因果，我的生命應該會很不一樣。

沒想到，因為參與了「宗教交談」，我竟然有機會經常與許多宗教領袖深度交談、參與聖事、遊歷聖地、見證奇蹟……我的生命從此完全不同。

一名佛教徒在梵蒂岡的夢幻旅程

《金剛經》云：「一切有為法，如夢幻泡影，如露亦如電，應作如是觀。」然而我經常作夢，夢中有我的夢想，我期待美夢成真。二〇一六年十月，我竟然有機會到梵蒂岡面見教宗，此事對於我這個小小佛教徒而言，簡直不可思議！故事要從二〇一五年的三個夢說起。

第一個夢。夢中，天主高舉一塊好大的麵餅，感覺就像主持彌撒，祂擘開一片給我。我知道我沒有受洗不該接受，主教卻示意這是天主給的，應該接受。我吃了，內心激動不已。

第二個夢發生在三月底，新聞報導教宗方濟各（Pope Francis, 1936-）就任後，頻頻打破慣例，不僅為女囚與穆斯林囚犯濯足，更在主持復活節活動時說要為穆斯林祈禱，要加強「跨宗教的交談」。我在夢中寫了一封信給花蓮教區黃兆明主教談及此事，主教隨即召開會議，並寫下未來宗教交談的優先順序。一、海峽兩岸的宗教和平交流。二、台灣與梵蒂岡之間的聯繫。三、國內的跨宗教對談與合作。甚至具體規劃了執行細節。夢境如此清晰，夢醒後，我馬上寫信給主教。隔天，主教團寄來一封信，表示中國宗教界和平委員會邀請台灣五大宗教組成參訪團前往大陸訪問（一個宗教兩位代表）。我既驚且喜，夢中訊息的回應竟如此快速。我主動向負責宗教交談的鍾安住主教請纓，若有機會可否讓我一起參加。沒想到主教真的同意了，我成為台灣天主教僅有的兩位代表之一。

第三個夢是我與教宗見面。夢中的我知道時間有限，我緊握著教宗的手不停講話，恨不能將台灣二十年來的宗教交談經驗一口氣說完。教宗笑容滿面的看著我。夢醒後，我便清楚了，我會去梵蒂岡，而且我會見到教宗。

話雖如此，怎麼去？去找誰？做什麼？況且要和教宗握到手應該不是件容易的事情吧？

天主在考驗我們的決心

二〇一四年剛好是中華民國宗教與和平協進會（TCRP）成立二十週年，也是梵蒂岡宗座宗教交談委員會（PCID）成立五十週年，而馬天賜神父是PCID委員，又是TCRP創會的首任理事長，協進會便計劃由台灣十三個不同宗教組成代表團前往梵蒂岡進行訪問。美夢彷彿即將成真，雖然我不見得能去，但我也與幾位跨宗教夥伴合力準備要送給梵蒂岡的禮物，包括記錄了台灣宗教交談經驗的專書《宗教與和平二十年》以及馬天賜神父（Fr. Poulet Mathis, 1927-2010）的英文傳記 *Your Jesus ! My Buddha !*（《你的耶穌，我的佛陀》）。

然而，朝聖計畫並不如想像中順利，幾經波折，理事長決定暫時取消。

取消？我簡直不敢相信。教廷都已經回函歡迎台灣的宗教代表了，而我們竟然不去了？數日後，秘書長緊急召開會議，她只約了五個人，包括天主教鮑霖神父、天帝教的光弘開導師和我。光弘直言：「說取消，其實很容易，但是要成就一件事，很難。一輩子能有幾個二十年？說不定這是天主在考驗我們的決心。」光弘拿出一張他與馬天賜神父二十年前的合照，他說當他在整理房間再看到這張相片時，就決定一定要帶著馬神父回去梵蒂岡了。光弘說：「我已經報名參加去歐洲的旅行團，參訪教廷委員會那天，我們的團剛好在梵蒂岡，我可以脫隊。總之，當天我一定到。」

光弘的決心讓大家很感動。然而，教宗的公開接見還是沒有人代表呀。現場陷入一陣沉默。然後，大家不約而同看著我。我知道大家的意思，我當然也是滿腔熱血，我說：「我願意代表宗教與和平協進會前往梵蒂岡。」

就這樣，我變成台灣、宗教與和平協進會的唯一代表。鮑霖神父幫我聯絡了目前在義大利讀書的林之鼎神父就近照顧，我則聯絡了大使館、明愛會、耶穌會（馬天賜神父是耶穌會會士），在有限的時間內準備好應該做的事，不抱任何期待，我獨自前往我不曾造訪過的義大利。

讓我們成為一家人

經過了二十個鐘頭的飛行與等待，我終於抵達羅馬。我先到中華民國駐教廷大使館拜會，王豫元大使在三年前曾熱情接待過我們的主教與醫院同仁。我和大使聊了很多梵蒂岡與台灣的關係，畢竟梵蒂岡是台灣在歐洲唯一的邦交國，大使表示政府很需要國內天主教會的協助。我們也聊到台東與醫療，大使對於我的背景非常好奇，一個非醫療背景的佛教徒怎麼會在天主教醫院擔任執行長？怎麼現在又代表台灣宗教團體來梵蒂岡進行宗教交談？我只能笑說一切都是緣分使然。確實，緣分或天主替我們安排了許多意想不到的驚喜。大使提到梵蒂岡的瑞士侍衛隊隊長，他說他家有人曾在台東服務。大使竟然從《海岸山脈的瑞士人》書中找到了隊長的祖叔父「池作基神父」。大使將池神父的文章翻譯成英文交給隊長，隊長將文章帶回瑞士，成為他們家族當年最美好的一件事。

隔天，教廷宗教交談委員會的索羅神父（Fr. Solo）帶著我和大然（天帝教在拿坡里工作的同奮）前往聖彼得廣場參加教宗的公開接見。穿過數以萬計的人群和層層警衛，我們來到了教宗演講的平台，座位安排在觀禮席第一排最前面的位置。索羅神父興奮地說，我們很有機會和教宗握到手喔。

陽光刺眼。廣場上大概擠滿了十萬人，前排有許多身心障礙者坐在輪椅上等待教宗的祝福，而我穿著一身台灣原住民的服裝坐在台上，感覺很不真實。我何德何能坐在這裡？我一直想起引領我進入「宗教交談」領域的馬天賜神父。

忽然現場響起一陣歡呼，教宗進場了，所到之處，群眾毫不掩飾他們對方濟各教宗的熱愛。教宗也熱情回應，他擁抱群眾，甚至抱起兩個小孩上禮車一起繞場，還脫下小禮帽送給教友，盡可能的停下來為所有人祈禱。我不禁想起教宗剛接任時所說的話：「請所有善意的男女為我祈禱，幫助我領導天主教會。」需要他的人這麼多，教宗卻謙卑的請所有人為他祈禱。

儀式中，司儀向教宗介紹今天蒞臨現場的各國團體，沒想到教宗在演說時特別提到，來自台灣的我們專程來梵蒂岡作宗教交談。教宗說：「**今天在這裡與我們一起分享耶穌基督的愛，有許多是與天主教不一樣的宗教團體。若在過去，這很可能是造成紛爭與痛苦的原因。究竟我們對於不同宗教的態度為何？我們能自絕其外呢？還是無動於衷？或者我們相信『和解與共融』是有可能的？**」教宗從基督徒合一，談到與不同的信仰團體之間的交談與合作，他特別強調「是基督的愛團結了我們」。他說：「**從基督身上，**

我們學習原諒，感覺我們同為一個家庭的一分子，我們要去思考如何成為別人生命中的禮物，一起為人類開展出更美好的將來。」他邀請全場十萬人與他共同祈禱：「讓我們真正的成為一家人。」

儀式結束後，教宗走向觀禮席跟我們致意。我和教宗握手，他知道我是台灣代表，而我就像在夢中一樣急著和他講一大堆話。教宗只是一直笑（因為手被我握住）。我將*Your Jesus! My Buddha!*親手送給他，這是我記錄馬天賜神父的宗教交談經驗。教宗的表情很驚喜，因為他也寫了一本他與猶太教拉比的對談。後來，教廷的攝影官告訴我，我和教宗的合照將刊載在《羅馬通訊報》，因為我身上穿的衣服實在太美了。

宗教大同的新契機

此行的第二件任務是拜訪PCID。PCID對於我們與教宗的會面過程感到驚喜，他們也沒有料想到教宗會如此重視。而光弘也準時抵達，他背著六公斤重的「宗教大同獎座」繞過半個歐洲，只為了今天短短兩個小時的拜會，他說他要親自送來這座表彰促進宗教交流有特殊貢獻的獎座給PCID（這個獎座過去只頒贈過兩座，馬天賜神父即曾獲此殊榮）。PCID由秘書長米格爾・阿尤索（Rev. Miguel Angel Ayuso

Guixot）和副秘書長印度尼神父（Fr. Indunil）代表接見。我簡介了台灣的宗教交談經驗，我們也一起規劃了進一步的交流計畫。印度尼神父說：「今天是台梵宗教交流的第一步，下一次你們再帶團來時，我也會邀請在梵蒂岡的其他團體一起參與會談。」他也知道我送給教宗*Your Jesus! My Buddha!*，他邀請我以英文為教廷專刊寫一篇文章，讓更多人認識馬天賜神父與台灣經驗。

隨後，我們參加大使館所舉辦的雙十國慶餐會，正巧遇見了印度尼神父提及的普世博愛運動（Focolare Movement）宗教交談中心的招婉玲女士（Stella）。她邀請我們到位於弗拉斯卡蒂（Frascati）的總部，這裡曾是已逝的教宗若望保祿二世（Sanctus Ioannes Paulus PP. II, 1920-2005）以及法鼓山聖嚴法師（1931-2009）生前進行宗教交談的地方。我好高興呀！原來在世界上還有這麼多志同道合的好夥伴一起在為和平默默努力著。

超越語言的心靈交流

此行協助我最多的是林之鼎神父，儘管我們只見過一次面，林神父以豐富的學養與熱情，為我介紹有關梵蒂岡與天主教的一切。而我也毫無保留地分享我的信仰與想法。每天將近十個鐘頭的相處，我們共同參與彌撒、在不同的教堂裡祈禱，一起設想未來帶領跨宗教組織來訪時的各種可能形式，也不時激發出意想不到的火花，原來跨宗教的交談可以到達如此的深度。而這些都是林神父正在研究的宗教交談範圍。

我也到林神父目前就讀的學校參觀。從羅馬要搭一個半鐘頭的快車到佛羅倫斯，再走半個鐘頭的山路，才到這間建於十世紀的老堂區。堂區略顯殘破，住著六名神父，整體環境瀰漫著安貧樂道的修行況味。我問林神父怎麼會到這裡來呢？他笑說：「總歸一句，都是天主的安排。」然而，當我知道得愈多我愈是感動。其實林神父為了協助我順利完成此行任務，他擱下課業專程到羅馬陪我一個星期，這還不包括生活所需的食宿交通等費用。究竟是什麼樣的動力驅使他做這麼多呢？林神父輕描淡寫地說：「我只是想為宗教交談盡一份心力，嘗試去創造一些新的可能。」

我不禁想起佛陀十大弟子之一的富樓那。富樓那打算到一個偏遠的國家去傳法，佛陀告訴他：「那個國家的人民性情粗暴凶惡，如果他們不肯接受你的善意，反而對你惡言相向，你怎麼辦？」富樓那回答：「他們只是罵而已，至少還沒有用棍棒、石頭打我。」佛陀再問：「如果他們用棍棒、石頭打你呢？」「我仍然覺得他們是可以被教化的，至少他們還沒有拿刀砍我。」「如果他們拿刀砍你呢？」「那也還好，畢竟他們並沒有把我打死。」「如果他們把你打死了呢？」富樓那說：「色身終歸壞滅，為法犧牲，我欣然接受。」佛陀讚歎道：「那你可以去傳法了。」

方濟各教宗與我親切握手，並感謝我致贈的 *Your Jesus！My Buddha！* 一書。

耶穌會頂樓俯拍梵蒂岡。

何其有幸，我能和這麼多美麗的靈魂一起漫步在這座千年古城，我們談論著生命、信仰、藝術和愛，並以實際的行動幫助世界變得更好。這些人包括梵蒂岡廣播電台的張德福神父、明愛會秘書長華米施（Michel Roy）、氣候變遷與糧食安全委員會的阿德瑞納（Adriana）、耶穌會的貝魯齊神父（Fr. Giuseppe Bellucci），以及何萬福神父等，他們都是我在義大利的「家人」，我被他們深深感動著。我還夢到了蕭玉鳴修女，這是她過世三年後我第一次夢到她，夢中的她與我同在羅馬，她的氣色很好，臉上有天使般的光彩，她笑說要烘焙一個蛋糕送給教宗。

另一位在夢中出現的人是若望保祿二世，他勉勵我繼續扮演好「橋梁」的角色，連接起美好的兩端。從神的角度思考，而不要從「人為」的角度出發。不要論斷別人，天上自有「正義之門」的審判。沒想到隔天我們到耶穌會對面的聖神堂，林神父為我們解說傅天娜修女如何看到「耶穌聖心」，耶穌胸前出現紅、白兩道光芒，白光所代表的正是讓靈魂正義的審判，而冊封傅天娜修女為聖人的又剛好是若望保祿二世。

天呀！我是不可能知道這些事情的，但是天主幫我預備了。感謝天主！感謝佛陀！我記起馬天賜神父說過的一段話：「宗教交談是什麼？是傳什麼好消息嗎？不是。是瞭解你周圍的每一個人在你生命中的意義，你對他們都有一個特別的責任，要幫助他們知道他們可以得到的幸福有這麼大。由愛來推動，讓所有的人都能分享這個愛。」

後記

回國後，我將馬天賜神父在台灣努力的成績，以英文寫成兩種不同篇幅的稿件，分別提供給梵蒂岡的報社及雜誌使用，幫助教廷年輕一輩的神職人員認識台灣宗教交談。回顧這段旅程，確實產生了一些影響。隔年起，PCID每年派代表來台灣訪問，促成了第一屆天主教與道教的國際會議（保安宮舉辦）、第六屆天主教與佛教論壇（靈鷲山舉辦，距離上一次在台灣舉行已有二十年）、修女與比丘尼論壇（佛光山舉辦）等等。二〇一九年，秘書長阿尤索榮升樞機主教，副秘書長印度尼神父榮升秘書長，鮑霖神父接任副秘書長，為教廷在世界上從事宗教交談最重要的三個人。

方便品 第二

「……舍利弗，諸佛隨宜說法，意趣難解。所以者何。我以無數方便、種種因緣、譬喻言辭、演說諸法，是法、非思量分別之所能解，唯有諸佛乃能知之。所以者何。諸佛世尊唯以一大事因緣故、出現於世。

「舍利弗，云何名諸佛世尊唯以一大事因緣故、出現於世。諸佛世尊欲令眾生開佛知見、使得清淨故，出現於世。欲示眾生、佛之知見故，出現於世。欲令眾生悟佛知見故，出現於世。欲令眾生入佛知見道故，出現於世。舍利弗，是為諸佛以一大事因緣故、出現於世。」

——《法華經．方便品第二》

我有很多天主教的好朋友，儘管我和他們信仰不同，但我們之間沒有門戶之見，彼此心心相印。以佛教用語來說，他們是人間菩薩，在我的內心曖曖發出指引的光芒。

我完全相信他們，他們怎麼說，我就怎麼做，我只要聽話就好。所以，當天主教康泰醫療教育基金會陳良娟執行長問我能否到台東為聖母醫院工作？我馬上就答應了。

她說她夢到天主給的「訊號」。這麼巧？前一天我也夢到了菩薩給我的「訊號」。於是我問良娟，我去聖母醫院要做什麼？她說她也不知道，她說：「聖神的風吹向何方，我們便往那個方向去，我們去創造無限的可能。」

《法華經．方便品第二》，佛陀以一大事因緣來到世間。感謝天主，我跟隨著聖神的風，來到台東聖母醫院，開啟了我對於信仰、生命以及愛的深度認識。

聖神的風吹向何方

我們的天父，願祢的名受顯揚，願祢的國來臨，願祢的旨意奉行在人間如同在天上。求祢今天賞給我們日用的食糧；求祢寬恕我們的罪過，如同我們寬恕別人一樣；不要讓我們陷於誘惑；但救我們免於凶惡。

——〈天主經〉

每日晨禱，我與同仁們一起唸〈天主經〉，晚上睡前我則獨自唸《大悲咒》，迴向給一切眾生作為一天的結束。忽然，我驚覺我正在體驗馬天賜神父過去的交談經驗，他曾在菲律賓的醫院陪伴垂死之人，如今我在台東唯一的安寧病房體驗生命。馬神父在自己的宗教團體裡開啟宗教交談，我則是以佛教徒的身分在天主教機構裡實踐宗教交談。我歡喜欣賞不同宗教之間的互動，但也維持著一定的距離：在不同宗教團體裡的學習是連續性的，他們的一言一行不斷激盪著我的慣性思維。若以世間法來看台東聖母醫院，這是注定賠本的生意，這家醫院從來沒有賺過錢，至今依然如此。多少專業人士勸主教關掉醫院比較輕鬆，但這顯然不是天主要的，天主的愛催迫著神父、修女要去服務窮人。於是，一波又一波的外籍神職人員來到台灣，來到最偏遠的台東，不可理喻的固執堅持著，才讓聖母醫院能在野地開花。如今，天主又召喚他們要用健康去傳福音，天主的訊息如此清晰，但多數的人卻沒有把握，包括神職人員。

德蕾莎修女說：「祂說，每當祂提出要求時，世人總是事事格外小心，但世界提出要求時，他們卻做得非常爽快。」

天主的安排，遠遠超越凡人所能理解，若是祂要做的，愛會如潮浪般洶湧而至，有信德的人歡喜接受，信德不足的人驚懼害怕，畢竟「相信」與「願意」相隔千里。面臨種種的試練，很容易分別出信仰的深度，並考驗人們實踐的決心與勇氣。

不同的宗教信仰有不同的思考方式。天主教強調「服從、信靠天主」；佛教強調「自覺、覺他、覺行圓滿」；天主教強調犧牲奉獻，為他人的幸福而活；我卻期待自性成佛，追尋內在直覺的喜悅而行。看似矛盾，他們卻會在某個奇妙的緣分下極其融洽地連結成圓，難以言喻，充滿詩意。你的耶穌和我的佛陀攜手同行，行著大能，陪伴著我們、觀照著我們，創造一個又一個奇蹟！我與不同信仰者共同經歷、一起感謝、一起禱告，這正是深刻的宗教交談的最美的感動！

台東的嬰仔病院

早期在鄉下，婦女生產都是靠助產士，水準參差不齊，遇到疾病更是無法處理。有時懷孕的婦女甚至在田裡生產，因此新生兒的死亡率很高。傳教士們觀察到台東醫療環境的窘迫，當時台東只有一家省立醫院，設備不盡完善，雖然還有一般私人診所，其醫療品質卻可想而知。於是，白冷會於一九六一年成立台東聖母醫院，邀請「聖母醫療傳教會」（Medical Missionaries of Mary）的愛爾蘭修女柯淑賢（Sr. Mary Glancy）及蘇蘊芳（Sr. Kieran Saunders）經營，從一個門診四張病床的產科病房開始，六年後，成為台東第一家擁有三十張病床的專業產房，並逐漸擴充到七十床，最高記錄一個月接生一百三十位小嬰兒。台東地區半數以上的小孩，都在聖母醫院誕生，台東人都暱稱聖母醫院是「嬰仔的病院」。

魏主安神父說：「我們會介紹鄉下的病人給醫院，那時候還沒有保險，遇到實在很窮的病人，會跟修女們說，希望她們幫忙。她們真的很幫忙。」

一九七五年，「仁愛修女會」（Daughters of Charity）接掌聖母醫院。仁愛修女會是十七世紀法國聖文生神父（St. Vincent de Paul)與聖露薏絲修女（St. Louise de Marillac)合力創辦，聖露薏絲自行訓練教育了一群鄉下少女，依靠著信仰的力量，親自到病患及窮人家中提供照護及服務。她們也收養棄嬰、開導囚犯、救助孤苦老人及宣講福音，可說是最早的社會服務雛形。聖文生曾說：「幫助窮人不需要理論。」於是，「愛主愛人，尊重生命，為窮人服務」的理念，開始在台東聖母醫院實踐。

當時最大的困難就是沒有錢。仁愛會巫蕙蘭修女解釋初期的狀況：「修會沒有錢給我們，要我們自立，病人很窮，很多人付不出錢來，那時大部分靠國外的捐款。」修女們不需要什麼薪水，護士也都不是正式人員，薪水很低，勉強可以維持，但相對的，修女要負擔的責任也很大。

第二任院長馬克斐修女（Sr. Agnes McPhee）接任後，開啟了東部最早的居家照護。馬修女經常到蘭嶼探訪，看到病人沒衣服穿就送衣服，沒有錢看病的就不收錢。若有蘭嶼人來醫院看病，她還會替他們安排吃住。但是蘭嶼人自有其生活方式與堅持，有些蘭嶼人不喜歡住病房，馬修女會尊重他們，讓他們在醫院門口的大樹下露營，方便照顧。所以醫院門口經常有人露營、野炊、煮大鍋飯。到飛魚季節，蘭嶼人便送飛魚給醫院加菜，於是醫院的廚房煮著一大鍋飛魚湯，醫院門外的大樹下，也煮著一大鍋飛魚湯。至今，只要有修女到蘭嶼，一下飛機，就會聽到蘭嶼的原住民親切地叫「馬修女」，在蘭嶼民眾的心中，每個修女都是最慈愛的「馬修女」！

還未推行全民健保前，聖母醫院的收費原本就很低廉，當時來就診生產的台東婦女也以原住民為多。第四任院長何谷婷修女（Sr. Mary Vincent Haggerty，第五屆醫療奉獻獎得主）說：「她們生產後，常常連很低的醫藥費也付不出來，她們就會拿些家裡生產的雞蛋、水果來謝謝我們！」何修女笑說，這樣的例子不勝枚舉，而醫院本身也樂於服務窮人。

本著「別人不去的，我去；別人不做的，我做」之精神，聖母醫院的居家護理業務，北從台東與花蓮交界的長濱鄉，南至台東與屏東交界的達仁鄉，長達一百七十六公里的台東海岸線，或至少需要一個半小時車程才能到達的山地部落，包括外島的蘭嶼、綠島，都是聖母醫院的服務範圍。除了醫療照顧之外，還時常提供日常用品、衣服與食物等，指導衛生常識，並針對需要，尋求政府或民間慈善機構的協助。最不可思議的是，醫院完全不加收交通費，做著完全虧本的生意。曾有同仁建議酌收交通費，以免病患需索無度。修女卻堅決地回答：「那些人都沒錢看醫生了，我們怎麼好意思再收錢？」

聖母醫院的居家照護服務從羅藝霞修女（Sr. Eloisa Nadres，第一屆醫療奉獻獎得主）開始，至一九七九年，由來台的艾珂瑛修女（第二屆醫療奉獻獎得主）接手，發展成聖母醫院最為人稱道的業務。艾修女說：「病人帶給我的快樂，比我能為他們做的多太多！」當病人身體乾淨舒爽了，她覺得快樂。當病人從癱瘓臥床到能自行照顧生活起居、養雞養鴨過日子，她覺得快樂。當雙手麻痺的病人可以開始手工編織，她覺得快樂。當病人從痛楚中露出笑容，她更覺得快樂。

護佐陳櫻花也曾提過類似的經驗。她們到兩個獨居老人的家裡，孩子都不在身邊，生活環境非常惡劣，艾修女一到，二話不說，袖子捲一捲，就蹲在地上洗床單、洗衣服。「我即使心中再不願意，也不得不跟著做。那時候，心裡真的是很感動，這個外國的老修女，竟然這樣照顧自己的同胞。」

一九八六年，聖母醫院成立居家護理部門，包括居家護理、居家安寧、居家服務、山地醫療等，成為工作人員及業務量最龐大、服務範圍最廣的一組，專業的形象與口碑，在醫療評鑑中也居各醫院之冠。

醫療奉獻與現實困境

醫院工作需要大量的護理人員，但在那個年代，台東哪來那麼多合格的護士？於是各堂區推薦個性乖巧的原住民少女，由修女們親自訓練，從打針、抓藥、麻醉到接生，這群沒有證照的小護士們樣樣學、樣樣來，她們笑稱自己是「假假的護士」。其實，訓練的過程還須克服許多的困難，包括語言、師資、教材等。

「最早的愛爾蘭柯淑賢修女連中文字都看不懂，為了教導我們，把一整本婦產科的專書用羅馬拼音拼成中文，一字一句的教我們唸。」護佐黃秋珍回憶說。而曾任護理學校校長的施雅璞修女（Sr. Annina Sharper，第四屆醫療奉獻獎得主），更是遠赴台北尋求援助。在那個資訊封閉的年代，台東這家偏遠的小醫院才開始為外人所知。在康泰醫療教育基金會陳良娟執行長（當年她還是個小護士）的協助下，譯出了東部地區第一部性教育的教案《青蘋果之路》，並引進東部地區最早的衛生教育。

談起那本《青蘋果之路》，當初懵懵懂懂的、假假的護士，如今早已為人祖母了，她們笑說那本是「禁書」，她們都不好意思在公開場合看。而乳癌宣導時要摸「ㄋㄟ」模型，她們也是一邊摸一邊竊笑，只敢在教室裡摸，可不好意思帶出去教別人。

為了協助假假的護士能夠順利考上證照，修女還特地邀請北部著名的護理補習班老師前來授課，每星期六、日固定開課，還要考試、實習，成績差的還要補考。結果三十多名護士幾乎全部考上，醫院再協調讓她們分梯去北部讀書，原本以為她們畢業後會回台東服務，結果回來的卻寥寥可數，醫院仍鬧護士荒。修女卻不以為意，很樂觀的說：「我們訓練出一批護理人員，她們可以去幫助更多的人，這是對的事，我們再找人就好了。」在台東，專業人員不足的情況，至今依然存在。

一九九〇年，聖母醫院通過評鑑成為地區醫院，病床數擴大到一百床。然而，腳步顯然漸漸地跟不上時代，醫師老了，器材舊了，國外的捐助少了，醫院入不敷出。全民健保實施後，儘管減少了大部分民眾就醫的經濟障礙，但未必人人拿得出錢來，而這些人又大多是聖母醫院服務的對象，醫院依然只管照顧病人，不計較盈虧，做著效率差又沒錢賺的服務。

就是這樣的奉獻精神，讓聖母醫院從一九九〇至二〇〇一年，陸續有六位同仁榮獲「醫療奉獻獎」，政府表彰他們對地方醫療的貢獻，這當然是莫大的榮譽。但從另一角度看來，這其實是「傻瓜獎」——只有傻瓜才會堅持留在最困難的環境，去做一般聰明人所不願意做的事。

從「善生」到「善終」

如同衛生署前署長林芳郁所說的，出過六個醫療奉獻獎的醫院，應該很容易募款，但聖母醫院卻只會默默做好事。修女總是說：「左手做的善事，不要讓右手知道。」這麼多好人做了這麼多好事，這樣的好醫院只有台東人知道，外面卻都不知道。二〇〇三年，聖母醫院虧損嚴重，面臨存亡、倒閉的困境，發不出薪水，甚至連想關門都發不出遣散費。不斷有人迫於現實選擇離開，風雨飄搖的氣氛全院都感受得到，外面都盛傳聖母醫院要倒了。甚至某醫院表示想收購聖母醫院，但只要醫院硬體和醫生，其餘員工都不要，院長當然不可能答應。於是，醫院陸續結束最負盛名的產科，關閉外科開刀房，試著找出一條可以轉型的路。深愛醫院的婦產科吳博霖醫師，不希望自己成為醫院轉型的絆腳石，隔天即提出辭呈。無刀可開的外科天才柯彼得醫師（Dr. Peter Kenrick，第十一屆醫療奉獻獎得主），則是哭著告別醫院。第十二屆醫療奉獻獎的得主蕭玉鳴修女（Sr. Matilde Serneo），在獲獎時便向阿扁總統直言：「我不要獎牌，給我錢！」

雨天的醫院，漆黑的走道空無一人，院外下著雨，天花板也滴著水，全心全意在醫院與病人身上的施少偉醫師說：「醫院哭了。」服務超過二十年的同事抱在一起哭說：「只要醫院沒倒，我們一定留下來。」辛苦撐起居家照護團隊、許多單位都想挖角的蕭燕菁主任說：「只要艾修女在台灣一天，我就不會離開聖母醫院。」大醫院開出優渥條件要禮聘施少偉醫師，他卻對妻子茜莉說：「我若離開這裡，醫院裡八十幾個員工的家庭怎麼辦？」他對鄭雲院長說：「別的醫院『要』我，但是聖母醫院『需要』我。」他也對同仁說：「我會永遠和你們在一起，直到生命結束。」

不得已，鄭雲院長只得去向主教借錢，外界才開始聽到聖母醫院的求救訊號。聖母醫院黯然結束了最負盛名的產科之後，並認真思考要不要關門？聖母醫院還有沒有存在的必要？如果有，那麼台東現在需要的是什麼？結果聖母醫院再度不按牌理出牌，選擇去做成本更高、台東所沒有的「安寧療護」。

台東一年約有六百人死於癌症，癌末患者卻因為台東地處偏遠、醫療資源缺乏、還有觀念的不足，使病人必須無奈地忍受長途奔波與病痛的折磨，甚至毫無尊嚴地死去。聖母醫院曾經照顧過一位癌末的流氓，他每週必須花六個小時以上的車程往返花蓮接受治療。然而他的配合度不高，讓負責照顧他的醫護人員都有點沮喪，總認為沒有幫他處理好一家人的安寧關係。臨終前，修女到他家陪他最後一程，他衝口質問修女說：「為什麼台東沒有安寧病房？」

而錫神父在聖母醫院過世時，醫院聯絡殯儀館來協助載運遺體。沒想到殯儀館派來的竟是一輛沒有頂篷的小發財車。醫院同仁堅持不讓他們載走神父遺體，對方竟然還大聲爭辯，最後悻悻然離去。

實在難以想像！偏遠地區的人命難道不是人命？活著的人要尊重，死去的人難道不需要尊重？一名流氓和一位神父，用他們的生命對聖母醫院做最後的提醒：「台東需要安寧病房，台東需要推廣安寧療護的觀念。」於是，聖母醫院決定了，即使勒緊褲帶咬著牙，也要成立安寧病房。院長說，她的信心來自於信仰，來自於這裡擁有與其他醫療院所極不相同的條件：「這裡的環境感覺更像家，這裡的醫護人員感覺更像朋友，願意付出更多的時間去照顧遭受病痛折磨的人。」不只強調「治療」，還重視「療癒」。

這樣的理念得到社會各界有心人的資助，包括台東當地人，儘管許多人還分不清楚什麼是「安寧」、「安樂」或「安養」，但他們都受過聖母醫院的恩惠與照顧，都不希望聖母醫院倒閉。醫院的同仁也必須學習面對轉型的心態，調整與適應新的醫療理念。二〇〇四年，聖母醫院成立了「恩典家園」，這是台東第一家有安寧病房的醫院。同年，榮獲安寧病房評鑑優良醫院及台東地區居家護理甲等單位的榮譽。素有「安寧之母」之稱的趙可式博士（第十四屆醫療奉獻獎得主、康泰醫療教育基金會董事），也經常公開讚美台東聖母醫院的安寧療護品質。而聖母醫院的安寧病房與不在院內的「居家安寧照顧」比例，已達一比八，完全符合世界公認之最佳比例，這是台灣唯一能達此水準的醫院。聖母醫院成功地從專門接生嬰孩的「善生」醫院，轉型為幫助癌末病人走完人生最後路程的「善終」醫院。

台灣的蘭巴倫

如同史懷哲博士遠赴非洲蘭巴倫（Lambarena）行醫，德蕾莎修女在印度照顧垂死之人，聖母醫院也在台灣最偏遠的台東寫下動人的故事。他們始終秉持著成立醫院時最無私的初衷——「為窮人服務」（Dedicated to serving the "poorest of the poor."）。這樣的

我們將聖母醫院的故事做成12張感謝卡，每個月連同捐款收據寄給恩人。1961年愛爾蘭修女柯淑賢及蘇蘊芳創立台東聖母醫院。

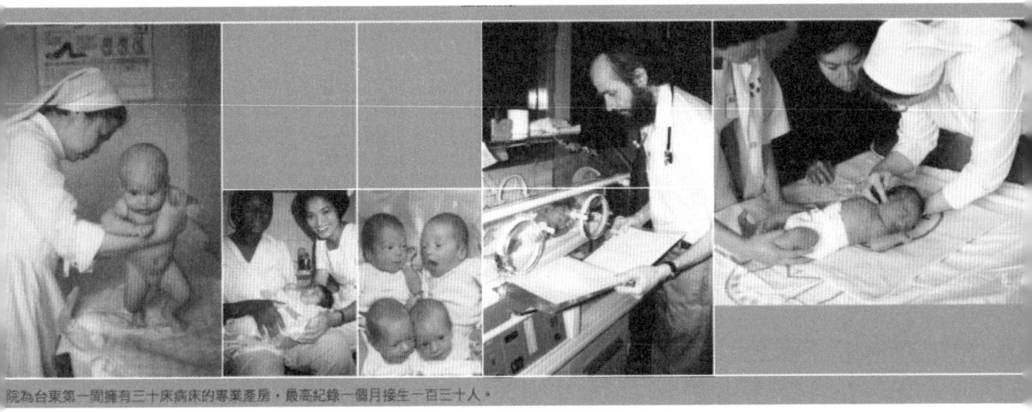

台東第一間擁有30張病床的專業產房，最高紀錄一個月接生130人。

精神，在一切以利為導向的資本主義社會，尤顯珍貴。而台東單純又獨特的人文條件，恰巧也是北部所欠缺的。於是，有著相同理念的醫療資源如潮浪般湧入台東，國內糖尿病權威林瑞祥教授（全國醫師公會醫療典範獎、百大好醫師），也開始每個月自費飛來台東，協助當地的糖尿病衛教。一年後，延平鄉成立了台東第一個糖尿病病友團體。三年後，聖母醫院從全國四百五十四個糖尿病病友團體脫穎而出，獲得全國第一名的標竿獎。「康泰醫療教育基金會」也開始與聖母醫院合辦「好醫師先修營」，由葉炳強醫師（百大好醫師、耕莘醫院神經醫學中心主任）與多名好醫師帶領各大醫學院的學生，到台東體會偏遠地區的醫療，學習如何用心成為病人的好朋友，站在病人的立場，瞭解病人真正的需求，從病人的角度體驗醫、病關係，學習在缺乏高科技的醫療設備下，如何做到真心關懷的全人照顧。四年來，上百位參加過營隊的醫學生，參加國家考試全部合格，寫下令人讚歎的成績。

正當一切進入佳境，二〇〇六年底卻傳來醫院最重要的「柱仔腳」施少偉醫師罹患癌症，醫院氣氛無比低迷。陳良娟執行長問我有沒有可能到台東支援，幫聖母醫院打打氣？因為她昨晚做了一場夢，夢中的我，拿著筆記本在聖母醫院大廳與她討論醫院的未來理想。夢境如此清晰，讓她毫不猶豫地想邀我到台東工作。我幾乎沒有考慮便答應了，因為我也做了相同的夢。我問她去台東做什麼？她說：「聖神的風吹向何方，我們便往那個方向去。」三個月後，我也來到台東，盡己所長為聖母醫院加分，讓聖神的風吹出去。

二〇〇七年，聖母醫院成功打造了東部第一座心靈療癒花園，讓久臥病床的患者也能有機會離開病房、到綠意盎然的花園裡曬曬太陽，感受大自然充滿生機的能量，希望每個人「在病程中體驗生命，進而轉化個人的內在價值」。

二〇〇八年，聖母醫院榮獲醫界的最高榮譽、全國唯一的「團體醫療奉獻獎」，也是第一個以醫院為單位的獲獎團體。回想六年前，蕭玉鳴修女要把個人醫療奉獻獎賣給陳水扁總統，當時的台東聖母醫院窮得面臨倒閉；如今，醫院還是入不敷出。院長打趣地說：「今年要不要把獎座、獎牌賣給馬英九總統？」哈！

做對的事，聖神的風自然吹得好遠。這風，是五十年來國內外許多人奉獻的生命與青春，我們由衷地感謝。然而，他們卻說：「不要說謝謝我們，其實是聖母醫院給我們機會，讓我們找到自己心中的『蘭巴倫』。」

2008年台東聖母醫院榮獲
全國唯一以醫院為單位的
團體醫療奉獻獎。

ST. MARY'S HOSPITAL: FIFTY YEARS AT THE SERVICE OF THE SUFFERERS

OSPEDALE ST. MARY'S: CINQUANT'ANNI AL SERVIZIO DEI SOFFERENTI

Built in 1960 by two members of the Societas Missionaria de Bethlehem (SMB), the once small structure located in the remote mountain area of Taitung has turned into a multiple award-winning hospital, a beacon of light in the healthcare field.

At the very beginning, medical personnel and supplies were scarce and funding for the hospital came entirely from overseas donations. The doctors practicing there were mainly foreign missionaries who assisted the disadvantaged and the diverse ethnic groups living in the area, including the aboriginals. Two Irish nuns from the Medical Missionaries of Mary joined the structure to provide obstetrics services. The training of locals into nursing assistants was central in St. Mary's strategy to put the patients first, as they were able to communicate with patients in their own languages.

Under the new administration of the Daughters of Charity, a French missionary organization, the hospital introduced a domiciliary care program, which reflects the compassionate caregiving spirit for which St. Mary's is known, to meet the needs of poor people living in hard-to-reach, remote areas where transportation was still underdeveloped.

Although over the years the hospital has received six individual medical contribution awards, one group medical contribution award, and well-known doctors have left Taipei to join the hospital's staff to find "the true spirit of the medical world," in 2009 St. Mary's was faced with serious financial trouble. However, thanks to the generous contributions of many donors who clearly did not wish for such a illuminated model of human healthcare to shutoff, St. Mary's is now able to keep serving its community while teaching people a lesson of love and compassion.

Edificato nel 1960 da due membri della Societas Missionaria de Bethlehem (SMB), la struttura un tempo di piccole dimensioni sita nella zona montagnosa di Taitung si è trasformata in un ospedale pluripremiato, un faro nel settore sanitario.

Agli inizi il personale ospedaliero e le scorte medicinali erano scarse ed i finanziamenti dipendevano totalmente dalle donazioni internazionali. I medici dell'ospedale erano prevalentemente missionari stranieri che assistevano gli emarginati e i gruppi di diverse etnie abitanti in zona, compresi gli aborigeni. I servizi di ostetricia erano garantiti da due suore Mediche Missionarie di Maria, di nazionalità irlandese. La formazione della popolazione locale in assistenti infermieristici ha avuto un ruolo centrale nella strategia del St. Mary's: porre il paziente al primo posto, così che il personale infermieristico potesse comunicare con i pazienti nella loro lingua.

Sotto la nuova amministrazione delle Figlie della Carità, un'organizzazione missionaria francese, l'ospedale ha introdotto un programma di assistenza domiciliare, riflettente lo spirito di cure amorevoli per il quale il St. Mary's è noto, per soddisfare le esigenze della povera gente che viveva in zone remote difficilmente raggiungibili, dove i mezzi di trasporto erano ancora poco sviluppati.

Sebbene nel corso degli anni l'ospedale abbia ricevuto ben sei premi individuali per contributi nel campo medico, un premio di gruppo per il medesimo motivo e medici di fama abbiano lasciato Taipei per unirsi al personale della struttura al fine di ritrovare "lo spirito autentico del mondo medico", nel 2009 il St. Mary's si trovò in serie difficoltà finanziarie. Grazie ai generosi contributi dei molti donatori desiderosi di evitare la chiusura di un tale modello illuminato di sanità dall'aspetto umano, il St. Mary's può continuare a servire la comunità impartendo nel contempo una lezione di amore e vicinanza.

梵蒂岡有關聖母醫院的報導。

第二屆醫療奉獻獎艾珂瑛修女是台東地區居家照護的急先鋒。

譬喻品第三

舍利弗，如彼長者見諸子等，安隱得出火宅到無畏處，自惟財富無量，等以大車而賜諸子。如來亦復如是，為一切眾生之父，若見無量億千眾生，以佛教門出三界苦、怖畏險道，得涅槃樂。如來爾時便作是念：「我有無量無邊智慧、力無畏等諸佛法藏，是諸眾生皆是我子，等與大乘，不令有人獨得滅度。皆以如來滅度而滅度之。是諸眾生脫三界者，悉與諸佛禪定解脫等娛樂之具，皆是一相一種聖所稱歎，能生淨妙第一之樂。」

舍利弗，如彼長者初以三車誘引諸子，然後但與大車寶物莊嚴安隱第一，然彼長者無虛妄之咎；如來亦復如是，無有虛妄。初說三乘引導眾生，然後但以大乘而度脫之。何以故？如來有無量智慧力無所畏諸法之藏，能與一切眾生大乘之法，但不盡能受。舍利弗，以是因緣，當知諸佛方便力故，於一佛乘分別說三。

——《法華經．譬喻品第三》

覺悟者都很會講故事，幫助眾生明白道理。《法華經》第三品講了一個三界火宅的比喻。

有一位家財萬貫的長者，房子很大，卻只有一扇門。有一天，大火突然從房子的四面燃起，人在屋外的長者知道他的孩子貪玩，不懂火的危險，根本沒有出逃的意思。長者於是採取「以欲鉤牽」的技巧，他大聲告訴屋內的孩子們，他在門口準備了許多難得一見的玩具，還有三種名牌跑車，先出來的就把車子先送給他。孩子們一聽，爭先恐後地跑出火宅，獲得安全。

其中，長者代表覺悟者，孩子是眾生，大火是世間之苦，房子是生死輪迴的三界苦海，三輛車（羊車、鹿車、牛車）代表著不同的修行方式，就像不同的宗教。開權顯實，只為了唯一的目的——幫助眾生「覺悟」，不再受苦。

醫院CEO的導演功課

想像你住在一棟有著許多房間的房子，透過你的房間窗戶，你看到了外面的世界，然後你熱切地跟身邊的人分享你所認識的世界。然而，你所認識的世界和其他房間裡的人所看到的世界一樣，都只是世界的一部分，但也都是世界。直到有一天，你打開了房門，走出去，你會發現原來世界不止如此，還有這麼多人、這麼多房子，尤其親身接觸的感受，和在遠處欣賞的想像完全不同。

當然，你還是可以選擇只待在自己的房間裡，至於是獨自美麗或是井底之蛙，則因人而異。

宗教，是幫助人們認識世界的一扇窗，不同的宗教以不同的方式打開心靈地圖，帶你去遊歷豐富的心靈世界。而宗教交談，就是和不同信仰者分享彼此體會到的心靈世界，因為交流，而擴大對世界的認識。或許有那麼一瞬間，當你的祈禱得到了回應，出現了奇蹟、天啟、覺悟了，你超越地活出了耶穌的肖像、與佛陀相應，你將以嶄新的視野重獲新生。這是在我的信仰生活中感動很深的經驗。

義大利導演費里尼曾說：「每一部電影，都有天上的一顆星在護佑。」

我認為，聖母醫院一定有天主的護佑，否則怎麼看聖母的經營方式都不可能活得下來。我們曾針對聖母醫院做過SWOT分析：五十年來沒有賺過錢，缺人、缺錢、缺資源、缺設備、專業不足、經驗不足、信心不足……什麼都沒有！只有愛！

但是，只有愛，行嗎？

我自問，我被聖母醫院感動的點是什麼？我能做什麼？我曾任編劇，以編劇的角度來看聖母醫院，其實它具備了成為好電影的所有條件：故事好、卡司堅強、有戲劇衝突、有轉折、情節感人。我可以寫個好劇本，我也有導演能力拍好電影，至於最後能不能成功？我就安心交給天主了。

其實我受到的質疑可不少，他們說我不是醫療專業、不是天主教徒、不是台東人，也不是原住民。呵，有以上背景的人似乎對醫院都沒什麼信心呢。

總之，因為信德，因著信仰，我盡力而為。

導演功課一：KISS定律

Keep it simple and stupid. 讓每一場戲的進行，就像沿著有記號的水道走。

開源節流，我們衡量自己的能力，結束了賴以成名的產科，關閉急診室、開刀房

（這些應是醫院最賺錢的業務），我們把醫療資源集中在慢性疾病。一般醫院的服務項目都差不多，那我們的特色是什麼呢？我該如何簡單的介紹我們的醫院？於是，我將服務工作歸類為四大項：生病的人（我們是醫院）、不能來醫院的人（我們有居家照護）、臨終之人（我們有台東唯一的安寧病房）、追求健康的人（我們做健康促進）。人們期待的聖母醫院是有「愛」的醫院，是沒有圍牆的醫院，我鼓勵同仁勇敢的去做讓人感動的事。至於錢，那是我的事。

錢能解決的都是小事，但是沒有錢是大事。一開始，我從醫院最急迫的問題著手：X光機更換，需要兩百二十萬元。我的臉皮薄，不知如何募款。我惦了惦自己的經濟能力，我可以捐一萬元，那我只要找到兩百二十人就可以完成了。於是，我寫了一封信「募集二二〇人愛心X光機」，寄給我的好朋友。一個半月後，醫院募到了三千多萬元。這是廣宣，聖母醫院開始被看到了，外面的資源也慢慢澆灌這朵獨自在野地綻放美麗的花。我開始每天寫一篇醫院內發生的感人故事，透過網路與外界分享，讓關心我們的人跟聖母醫院一起呼吸，這些連結支持著聖母醫院繼續做對的事情。

接著是人。醫院當然經歷過裁員，通常裁掉的很多都是在醫院服務很久的老員工。我們選擇讓他們轉換跑道，比如，老員工瞭解醫院歷史，很適合當公關。早期那些沒有執照的「假假的護士」，其實都具備護理的能力，去照顧老人或擔任送餐員就很合適。

我們也開發新的工作，讓員工依其能力與意願轉換跑道。

導演功課二：電影就是設計

電影的完成，就是導演對電影題材本質的瞭解所做的設計。看似不相干的鏡頭並置來說故事，觀眾自己在腦海中激發出概念。導演設計得好，意識與潛意識就會站在同一條線上。

每日晨禱，除了工作報告以外，我還會選讀一本好書（不一定與醫療相關），每天分享三分鐘的摘要，可凝聚共識。每個月讀一本書，一年讀十二本書，我們成為全台灣閱讀率最高的醫院。漸漸地，你可以感覺到醫院逐漸復甦的活力。

導演功課三：人類有讓世界有意義的需要

當問題發生時，它會反過來告訴你該如何下手。

蛋糕修女蕭玉鳴修女經常提醒我：「《聖經》說，左手做的好事，不要讓右手知道。」如果都不能說，怎麼傳福音呢？後來，我才瞭解其原意是要謙卑。我告訴修女：

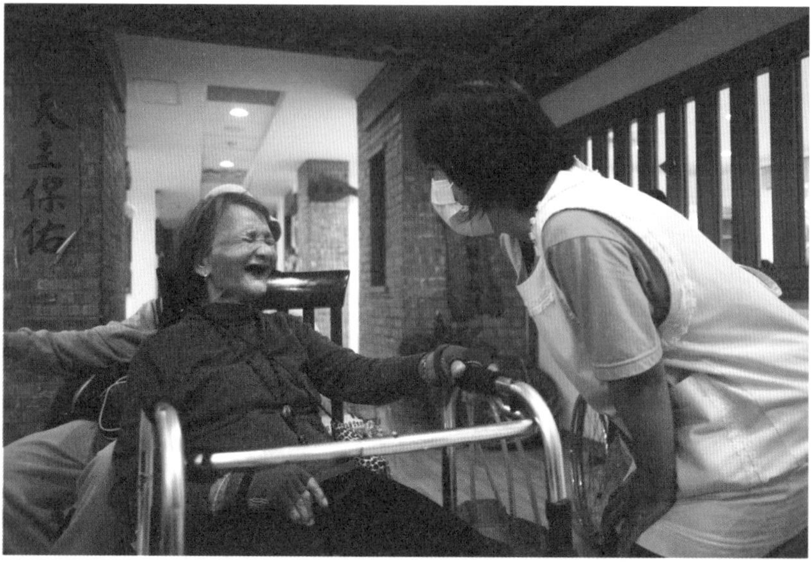

來聖母醫院的人是笑的。

2012年聖母醫院全體合影。

「左手做的好事，我們應該要讓更多的左手知道。」蕭修女眼睛瞪得很大，隨即笑了，彷彿天外射來一道光，她接受了我的說法。後來，她又跟我說，因為我，我們醫院沒錢變得很有名。

「跟隨內在直覺的喜悅而行」，我相信我來台東一定有某種意義。每天我迫不及待的去上班，去執行我寫在筆記本裡最想做的事情，我甚至規劃了「我理想中的聖母醫院」，總經費大概需要一億元。當我拿計畫書給修女院長看時，她笑我：「醫院活下來都有困難了，你是痴人說夢話。」

呵，我一點也不在意，我做得很快樂。人類因夢想而偉大。

我自信有很強的創意和整合能力，但是我必須有執行團隊一起完成。因為我的工作與各單位的牽涉愈來愈多，主教於是任命我擔任醫院執行長。我從沒做過執行長，便很認真的去瞭解執行長的工作。當時全世界最有名的執行長是蘋果電腦的賈伯斯（Steve Job），當我開始閱讀賈伯斯的相關報導時，我邊看邊笑，我和他的思考方式真的很像。

- 跟隨內在直覺的喜悅而行。樂在其中、愛不釋手、迫不及待。
- 出類拔萃。（很少非營利組織會如此自我期許）
- 聚焦四項偉大產品。（聚焦醫院的四項工作）
- 全力防範笨蛋充斥效應。精英一〇〇度假會議，十取三的決策。（會議要決行）

- 決定不做什麼和決定做什麼，一樣重要。（捨與得之間的考量）
- 你們是聰明人，不要浪費時間在這些爛產品上面。（內部激勵）
- 夢想重於產品，只有那些瘋狂到自以為可以改變世界的人才能改變世界！（不要追求高CP值的服務，而是傳遞熱情與感動）
- 精通訊息傳播。（廣宣）
- 勿忘人生終有一死。面對死亡時，全都消失了，剩下來的才是最重要的。

二〇〇九年，因為法規問題，醫院再度面對存亡的關鍵。我又寫了一篇文章〈募集三〇〇〇個愛心，留給台灣一個醫療典範的醫院〉。短短數日，醫院湧進上億的捐款。主管機關認為我們沒有報備募款，要求醫院在一天之內必須提出一份一億元的募款計畫書*。

一億元的募款計畫要在一天內完成？可不是一件容易的事。就這麼巧，當初我痴人說夢話的「我理想中的聖母醫院」計畫正好派上用場，簡直是難以置信的「神蹟」。所有轉折需要天時地利人和，缺一不可。沒想到，一名佛教徒的夢想與天主的安排，冥冥之中產生交會。

如今，聖母醫院成功轉型，短短七年（二〇〇七至二〇一三），增加了一間容納一百人的餐廳、一座四千三百平方公尺大農場、三個健康活力站、七個部落廚房、一間兩百人的教育中心、第一間醫療級芳療館、醫院院史館、亞洲第一輛乳房核磁造影行動車、工作人數增加四倍、照顧人次增加十倍，照顧更多的窮人，服務範圍更大、更專業，而且動人的故事仍持續發生中……

懷疑，是因為沒有見證過奇蹟。陪伴我們一路上見證奇蹟的黃兆明主教說：「聖母醫院的轉型，從瀕臨關閉到如今蓬勃發展，我們都發現背後真的有一股聖神的力量在推動著。對我而言，這是一種學習。對這些天主安排的諸多善人、恩人，我時時心懷感激。但也常會碰到有人問我：『為什麼任用一個佛教徒當天主教醫院的執行長？』我常回答說：『如果一個人所說的和所做的都符合天主教教義，也認同天主教的工作，為什麼我們不能接受他？馬天賜神父，是很像佛教徒的天主教神父；世賢，是很像天主教神父的佛教徒。他們都是有信仰的人，只不過天主給他的恩惠和我們不完全一樣。』」

＊註：〈募集三〇〇〇個愛心，留給台灣一個醫療典範的醫院〉這篇文章經媒體報導後，八天內為聖母醫院募得上億元，以上種種的不合理與困難全部獲得奇妙的解決，相關法規的修訂同時也讓有類似狀況的十多間教會醫院獲得解套。

歷屆總統對於台東聖母醫院都相當肯定。

信解品第四

「世尊，大富長者則是如來，我等皆似佛子，如來常說我等為子。世尊，我等以三苦故，於生死中受諸熱惱，迷惑無知，樂著小法。今日世尊令我等思惟捐除諸法戲論之糞，我等於中勤加精進，得至涅槃一日之價。既得此已，心大歡喜，自以為足，便自謂言：『於佛法中勤精進故，所得宏多。』然世尊先知我等心著敝欲，樂於小法，便見縱捨，不為分別：『汝等當有如來知見寶藏之分。』世尊以方便力說如來智慧，我等從佛得涅槃一日之價，以為大得，於此大乘無有志求。我等又因如來智慧，為諸菩薩開示演說，而自於此無有志願。所以者何？佛知我等心樂小法，以方便力隨我等說，而我等不知真是佛子。今我等方知，世尊於佛智慧無所吝惜。所以者何？我等昔來真是佛子，而但樂小法。若我等有樂大之心，佛則為我說大乘法。於此經中唯說一乘。而昔於菩薩前毀呰聲聞樂小法者，然佛實以大乘教化。是故我等說本無心有所希求。今法王大寶自然而至，如佛子所應得者，皆已得之。」

——《法華經．信解品第四》

窮子喻出自《法華經．信解品第四》。

從前有一個流浪漢，自小離家，流落異鄉數十年，四處乞食為生。有一天，他輾轉來到一間氣派輝煌的豪華宅院前，遠遠看到身著珠寶瓔珞的豪宅主人正看著他，流浪漢嚇得趕緊逃離。但主人長者一眼便認出此人是他走失多年的兒子，趕緊派人將流浪漢追了回來。流浪漢嚇死了，氣急昏倒。長者知道兒子志意下劣，多年的磨難讓他竟然連自己的家和父親都不認得，只怕一時也無法接受真相，便命人喚醒他，然後放他出城。而後，長者巧設方便，派人找流浪漢來家裡打雜做事，慢慢地陪伴和教導，使其漸悟自己的真實身分，最終繼承了龐大的家業。

窮子比喻為佛教小乘與大乘之人，長者喻佛陀。佛陀巧設方便，讓弟子從講究個人離苦得樂的小乘開始學習，在適當時刻才傳授普渡眾生的大乘法門。

許多神職人員（聲聞）出家已久，自以為已證得真理而安於現狀。而佛陀適時開講《法華經》，打開神職人員的視野，要去認識宗教交談，學習菩薩的精神，普渡眾生。

去掉「佛」，就覺悟了

宗教交談面對的最大困難是，宗教領導人不願意談。

大多數宗教團體的領導人都是德高望重的長輩，長輩們不見得有宗教交談的經驗甚或概念，即使受邀出席宗教交談的場合，通常彼此之間只有點頭之交，根本沒時間交流，遑論深度的交談。倘使要他們談談對方的信仰，總是倚老賣老，甚至錯誤百出，反正在宗教同溫層裡沒有人敢指正他們。至於中階幹部，雖有機會參與跨宗教的活動，即使有體悟，也因人微言輕，不敢多說，以免遭來保守勢力批評「叛教」。當然，一般信徒就是聽「老大」的囉。

我認識一名法師，他曾跟隨他的師父參與過許多國際間的宗教領袖會議。我表示希望有機會多去拜訪他，多聊聊。法師不帶感情地回我：「要談什麼呢？」呵，我的熱情被打了一記悶棍。只好笑說，現在做宗教交談是在播種，等待二十年之後的結果。

我們必須學習，在我們自己的心靈深處，體驗到別的宗教信徒的最深宗教經驗。不但如此，我們必須學習，把其他宗教信徒的經驗轉化成自己的靈修經驗。同時，也在他們內看到我們自己最深的宗教體驗。換言之，我們也須把自己開放給其他宗教的朋友，使他們意識到我們最深的靈修經驗；同時，也在他們的心靈深處，看到我們最深的靈修經驗。

——天主教本篤會阿布希斯海克唐達神父

（Dom Henri Le Saux, Swami Abhishiktananda, 1910-1973）

《法華經・信解品》特別提到教團裡的長老安於自己的輩分，自以為足，以為大得，平日誇口侈言批評其他修行者，卻不知自己真是「佛」子。「佛」這個字的意思不是指哪個人，而是覺悟者。重點不是這個字，而是覺悟，無論他是哪個宗教的人。「諸惡莫作，眾善奉行，自淨其意，是諸佛教」，並非單指「佛教」這個宗教，「佛」是覺悟者，「教」是教導，佛教指的是所有「覺悟者」教導人們如何開啟智慧，解決生命的憂悲苦惱。而不同的宗教信仰，是解讀世界與真理的不同角度。

佛教徒在乎的是什麼呢？度己度人，自覺覺他，覺行圓滿，成佛。至於其他宗教信徒在乎的是什麼？如果只是字眼的困擾，拿掉了「佛」，是否能幫助你覺醒呢？

聖母醫院的安寧病房有個小禮堂，準備著佛教和基督宗教的祭祀禮器，以因應不同宗教的告別儀式。非基督徒不懂，為什麼天主教可以拿香，基督教不能拿香？為什麼天主教的十字架有耶穌，基督教十字架上沒有耶穌，不是說「不能崇拜偶像」嗎？

主教舉了一個非常傳神的例子，他說你的皮包裡放著母親的相片，藉此憶念你對母親的愛，但是你不會把相片當作你的母親。就像我們崇敬耶穌像，並不是拜那個木刻的偶像呀。

早禱時，蕭玉鳴修女與我們分享她和一位老人家的互動。老人家向蕭修女問候「阿彌陀佛」，蕭修女會跟他合十頂禮說「阿彌陀佛」。

蕭修女問老人家：什麼是「阿彌陀佛」？

老人家用台語說：阿彌陀佛是大光明，沒有開始也沒有結束。

蕭修女說她懂了，就像《聖經》裡的天主是大光明，是A和Ω（拉丁文的第一個字母和最後一個字母），無開始無尾（她把「無始無終」說成「無開始無尾」）

蕭修女笑說：「說不定祂們是好朋友哦！」

是呀！「真理只有一個，哲人用不同的名字形容祂。」不要裁判你不能裁判的事。我們的天主是「千面英雄」，以不同的樣貌在不同的時空以不同的方式幫助不同的人，無開始無尾。我們燒香拜拜的出發點是尊敬，心存善念，希望帶給需要的人平安。

我們都懂了，是誰困擾了？

化了妝的祝福

我在台東有一位好朋友黃菊妹修女，多年前我們曾有一次深刻的宗教交談。那天她從成功開車來接我到她所負責的成功家婦中心演講，下課後再送我回台東市區，然後再自己開回成功。當時我剛到台東，沒有交通工具，也不知道兩地距離這麼遠，她開車來回跑了四趟，至少四個鐘頭。一般人大概早就放棄了，黃修女卻不以為意，她說這麼做很值得。當晚星光燦爛，我們在車上聊了很多，有許多心領神會的默契。

她問我怎麼接觸佛教的？

我說：「聽見，就信了。我很聽話的。」《聖經》裡確實有一段耶穌對門徒說的話：「你因看見了我才信；那沒有看見就信的有福了。」

黃修女跟我分享了一段往事。有一次她在祈禱中問耶穌：「我如何將復活的祢在我身上活出來？」忽然，她聽到後面傳來一個聲音：「謙遜！謙遜！」她回頭看，卻沒有人。她確信這不是她腦袋裡想像出來的聲音，那是基督說的，要她在日常生活中謙卑地實踐愛的誡命。黃修女確實做到了，直到她生命的最後一刻。

可惜她死了，才六十歲就走了。我站在她的棺木前，不禁想問，是不是你在人世間的事情做完了呢？哈哈！我彷彿聽到她以一貫的爽朗笑聲回應我。倒是特地前來弔唁的成功家婦中心的同仁們哭得很傷心，因為他們失去了最重要的精神依靠。

黃菊妹修女一九五二年生於花蓮縣豐濱鄉，加入聖瑪爾大女修會時才十六歲，生前先後服務於松浦、富里、宜灣、美崙、田埔等堂區，從事幼教、牧靈及福傳工作。因應地方需要，毅然投身於社工領域，她工作起來很拚，照顧了許多弱勢族群，也為許多人創造了工作機會。二〇一一年二月她獲得內政部表揚為「特優社工員」。原本是值得開心的事，可是與此同時，她也被診斷出罹患乳癌，而且是末期。並非她沒有關心身體，而是過程中出現許多莫名其妙的誤診和醫療延誤。

這兩件事情同時發生，帶給黃修女強烈的震撼。她說，對於疾病，她欣然接受，但對於這些年來她所做的事，她反而困惑了。擔任社工確實可以幫助弱勢，只不過為了要爭取預算，養活團體，她需要耗費很多能量去和公部門溝通，為了評鑑寫報告；為了要做出好成績，她不斷擴大服務的範圍，業務量愈做愈大，事情也愈來愈多、愈瑣碎。她心裡明白，社會上需要幫助的不是只有弱勢族群，如果沒有在靈性上幫助他們提升，所做的服務永遠都是短暫的、不完全的。她說服自己，社工是好工作，也可以榮耀主。

「或許我得到了人間的表揚，但真的沒有太大的意義？作為修女，我應該做的是什麼呢？」黃修女告訴我，她在祈禱中又聽到了一個聲音：「去彰顯主的榮耀在人間，這才是修女應該做的工作。」是呀！為主工作應該是完全的，而且不應該受到拘束，也不

梵蒂岡醫療健康管理委員會樞機主教拜訪聖母醫院安寧病房。

需要向誰報告，凡所做的天主都知道。黃修女決定病況好轉後，她要到醫院去為所有病人祈禱，去照顧所有人的心。

此時，一位原住民志工秀秀跑來找黃修女，她說她聽到天主的聲音，天主要她陪黃修女去醫院為所有病人祈禱。其實這件事對於秀秀是困難的，因為她的體質敏感，她感應得到病人的痛苦，所以她一直逃避去醫院。但此次她完全臣服於天主給她的恩惠，儘管她還是沒有很大的信心。黃修女很窩心，有了秀秀的陪伴，同時也確認了天主要她去為病人祈禱的意向。黃修女笑著對秀秀說：「都是因為你太晚答應天主，拖拖拉拉，所以我才會生病啦！」哈哈！我又聽到黃修女爽朗的笑聲。

這一年來，我多次邀請黃修女來聖母醫院住，畢竟離開工作環境比較可以放下一切好好休息，但是她始終不願離開，她說她工作的心態已經改變了，也準備好了隨時離開的心，要我不要擔心。她不能開刀，只能做化療，止痛藥止不了痛，吃嗎啡她又會吐，她只好忍痛，整個人瘦了一大圈，教人心疼。但是她樂觀以對，還安慰我們說這是天主所賜的「化了妝的祝福」。從罹病到離開差不多一年，你還是走了，你走的那天，我還在告訴幾位遠道而來的志工關於你的故事。我知道你現在回到你最愛的天主的懷抱，我衷心的為你感到高興。若有機會，我相信我們還會再聯絡上的，如同你對天主的愛，我對佛陀的心，靈性的溝通是不受拘束的。

離開修會後，我的手機突然當機了。哈，黃修女，是你在和我打招呼嗎？

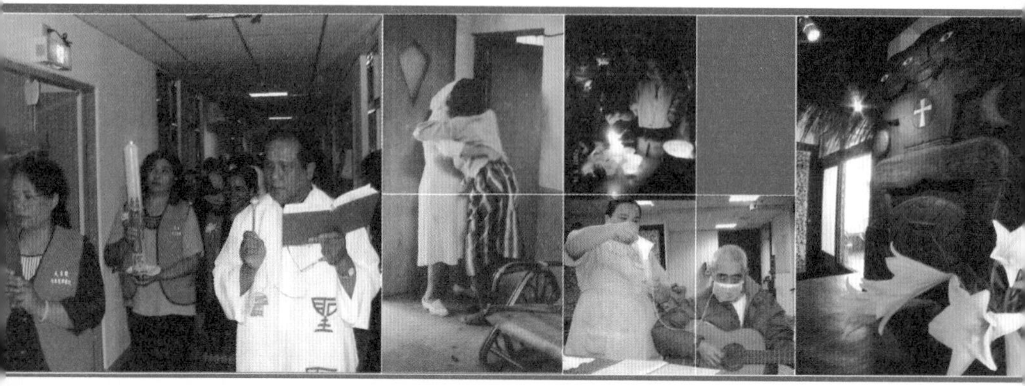

2004年，聖母醫院成立台東地區唯一的安寧病房，同年榮獲安寧病房評鑑優良。

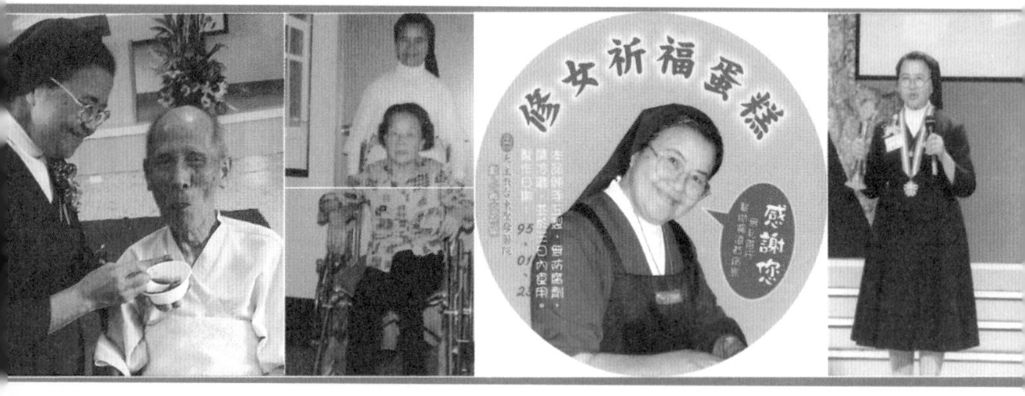

第十二屆醫療奉獻獎得主蕭玉鳴修女為籌設安寧病房，製作修女祈福蛋糕募款。

藥草喻品

第五

迦葉，譬如三千大千世界，山川溪谷土地，所生卉木叢林，及諸藥草，種類若干，名色各異。密雲彌布，遍覆三千大千世界，一時等澍，其澤普洽。卉木叢林及諸藥草，小根小莖小枝小葉，中根中莖中枝中葉，大根大莖大枝大葉，諸樹大小，隨上中下各有所受，一雲所雨，稱其種性而得生長花果敷實。雖一地所生，一雨所潤，而諸草木各有差別。

——《法華經．藥草喻品第五》

《法華經．藥草喻品第五》將眾生比喻如藥草（小藥草、中藥草、大藥草）或樹木（小樹、大樹），法雨無差別落在地上，藥草和樹木各取所需，都能開花結果。

許多人的願望清單幾乎都是希望能環遊世界。人們渴望用「身體」去欣賞世界不一樣的風景，體會不一樣的文化。但為何卻不願意給自己的「心」一個機會，去環遊「宗教世界」、去看看不同文化所展現的心靈地圖呢？不同的文化和信仰如同「法雨」，端視每個人心的開放程度，獲得不同程度的心靈滋養。

不只是醫院，也不只是農夫

二〇一二年十月，我代表台灣明愛會到泰國參加「南亞與東南亞農夫會議」，與會者包括中、日、韓、印、緬、菲、泰、越、蒙古、孟加拉、巴基斯坦等十六個國家、六十多位農夫及各國明愛會幹部等。這是台灣第一次參加，再加上我與同行的麵包師傅都不是農夫，而我們所分享的內容是從醫療的角度切入，完全迥異於其他國家以農業為主的報告，所以特別受到矚目。正因為我們來自不同的領域，或許更能激盪出不一樣的火花。泰國的服務很貼心，農夫們又很單純可愛，這麼多好人齊聚一堂，我真的希望能做出一點貢獻，畢竟農業攸關的是最基本的生存課題。

我經常想起一張相片「飢餓的蘇丹」，拍攝於一九九三年蘇丹大飢荒，一隻禿鷲落在趴倒在地的小女孩背後，禿鷲在等小女孩死。這張相片獲得一九九四年普立茲攝影獎，但是更多聲音卻是質疑攝影師「為什麼不先去救小女孩呢？」兩個月之後，攝影師用一截軟管導入汽車廢氣自殺了。

根據聯合國二〇一〇年的報告，全世界正遭逢糧食短缺的問題，有四千五百萬人活活餓死，十億人面臨飢荒。而已開發國家卻忙著減重，原因竟然是吃太多了。諾貝爾和平獎得主、在非洲行醫的史懷哲博士說：「**當我自己過著幸福生活的時候，卻看到周圍許多人正在與苦難和煩惱搏鬥，這對我是無法想像的事。**」我也思考著，台灣的角色、明愛會的角色、我的角色。

不能把責任丟給農夫

議程的安排很有層次也很細心，來自梵蒂岡負責氣候變遷與糧食安全的辦公室主任安卓安娜（Adriana），分享國際間及天主教的因應措施。畢竟農業從不是單一面向的，糧食安全與穩定的供應是全球的問題，不能把責任丟給農夫。政策可以化危機為轉機，各國政府要制訂合適的政策，與民間建立共識，比如說有機栽種、水土保持、產銷通路等，結合更多的資源，創造多贏，然後去分享經驗，擴大影響範圍到國家，甚至世界各國。

泰國的Sunthorn孫博士則是從宗教與科學的角度，探討人與土地之間的人文情感。泰國讓國小孩童下田耕作，讓他們親身體驗「一粥一飯，當思來處不易」，並非要孩子們長大成為農夫，而是讓他們懂得尊敬土地、感謝糧食。科學的進步有助於促進人類更好的物質生活，然而心性的安定與精神生活的提升，宗教信仰反而更形重要，人們對於環境的汙染與破壞不是科學的問題，而是心性的偏差。他有一段話讓人印象深刻：「科學不需要宗教，但是宗教需要科學，而兩者都是人們所需要的。」又由於宗教信仰各有不同，所以宗教交談在此議題有很大的發揮空間。

農民的不信任

農夫會議的重頭戲是各國報告他們在執行CREAM（Climate Resilient Eco-friendly Agriculture Mainstreaming，因應氣候變遷，改變傳統的農場經營方式，以促進永續農業發展）計畫的成果。巴基斯坦明愛會創設了三十個農夫學校，舉辦牛奶比賽、協助煙害防制（不是針對抽菸，而是他們烹煮的灰燼所造成的呼吸道傷害）。蒙古更困難，一年只有三個月可耕種，所以要如何利用日光提高產能。當然還有如何耕種、製作有機肥等經驗分享。水資源不足，始終是大問題，所以每一滴水都要省。而「水患」又是各國最嚴重也普遍的問題，面對大自然的反撲，人類無解，只能在救災與重建中，重新學習與環境共存。至於有機栽種，其實在亞洲是很新的概念，人民不懂，多數政府也缺乏認識，甚至不重視！亞洲明愛會比利時代表喬伊（Joeri）很直接地說：「就我所知，有些亞洲國家的農夫自殺，因為根本活不下去。雖然推動有機農業是對的，但是單價偏高、又賣不掉，農民生活還是很苦。農業要與生活連接，怎麼活下去才是農民最關心的。」

台灣是物產豐饒的福爾摩沙，在日本殖民時期以「農業台灣，工業日本」為發展方向，光復後政府「以農業培養工業，以工業發展農業」，農業在糧食、勞力、資金及市場等方面為台灣經濟的起飛做出相當的貢獻，農業在GDP中所占比例從一九五〇年代超過三〇%，降到二〇〇七年為一．四五%。農業就業人口比例也從超過五〇%降至五．四%，農產貿易逆差達七十億美元。換句話說，台灣人現在所吃的農產品大多不是台灣生產的，農業的角色逐漸失去其重要性，加入WTO之後，農業更形衰萎，是三大產業（農業、工業、服務業）唯一平均所得減少的產業。年輕人不喜務農，農村人口又趨於老化，三個農夫的年紀總和超過兩百歲，政府甚至獎勵休耕，似乎對於農業也不重視。這幾年農民走上街頭，不是沒有原因的。

有個數據更弔詭，依國際勞工組織（International Labour Organization）統計資料，世界各主要國家之農業勞動力所占比重，先進國家均不超過五%，台灣目前約為五．九%，農業就業結構比重持續下降，使台灣越來越接近先進國家結構比例，達已開發國家之水準。

天呀！我搞糊塗了。減少農業就業人口是邁向已開發國家水準的指標，那我們在這裡開這個會做什麼？若世界各國都朝已開發國家的方向發展，農民愈來愈少，那麼糧食哪裡來？我還發現，多數農民對於商人、政府官員和學者存在著相當的「不信任感」，認為他們是壓迫者。在泰國，農夫占七〇％，公務員占二〇％，商人占一〇％，但在銷與售的惡性循環中，被犧牲的永遠是廣大農民的權益，農夫變成農奴。生產食物的人理應受到尊重，但是農夫的既定社會形象卻是比較負面、低階的，農民為了脫離貧窮，想盡辦法培養自己的孩子讀書，然而當小孩真的讀到了農業博士，他們回來指導農夫種田，卻連簡單的農作物都不會種。讀農的人不務農，空口說白話，專家不懂時會找更多的專家而不是農夫，然後他們教農民撒農藥用化肥，結果還是農民要自己承擔。而農民沒有能力講話，只能怒吼：「金錢不是上帝，食物才是上帝！當農夫變少，請問誰來生產糧食？」

是呀！面對糧食安全問題，台灣到底是進步還是退步？台灣的糧食綜合自給率不到三成，遠低於大陸的九五％，美國的一二八％，法國的一二二％和德國的九九％。一旦可預期的全球性糧食危機發生時，只怕有錢也買不到糧食。

我們選擇的人生

隔天，我們到距離清邁三小時車程的湄登（Mae Ta）參觀，這裡位於偏遠山區，共有七個村、兩個族，約四千多人，從前當地人過得很懶散很快樂，他們說：「河裡有魚、山上有糧食，為什麼要工作呢？」後來政府來了，帶頭砍伐樹林，當地人看有錢賺，也跟著砍。不久，商人也來了，為了賺錢引進化肥，剛開始好像還不錯，後來肥料愈來愈貴，物價不斷上漲，但農作物的售價卻愈來愈低，農夫做愈多，窮人也愈多。山坡地因為濫墾濫伐，經常發生水患，村民付出慘痛的代價。當地耆老說：「我們可不可以停下來好好想一想，這是我們要的生活嗎？」一九八六年，湄登在團體的協助下，與政府談判，也才有了後來國家的水土保持計畫。耆老在二〇〇一年捐出土地及房舍成立辦公室，設立村民自治法則，開始形成初步的農會組織，後來，他被泰國政府授予榮譽農業顧問，作為政府與農民之間的橋梁。他自豪地說：「我是農夫，我生產糧食、推廣農業、養活人民，我以身為農夫為豪！」

他也清楚農夫不能全靠政府，必須要創造出自己的專業，找到自己的奧援，提出更多的數據作為佐證，民間與政府才有對談的基礎。而更重要的是家庭教育，究竟我們的中心思想是什麼？給孩子的價值觀又是什麼？耆老說：「我們選擇的人生很簡單：吃好

泰國曼谷臥佛寺。

食物、睡得好、沒欠錢，活得快樂。」目前村子裡有近百位年輕人回來當農夫，年輕人運用網路協助行銷及售後服務，四種不同種類包裝的蔬果，每週直接送到客戶家裡。村裡也提供客戶前來HOME STAY。負責此專案的年輕人不滿三十歲，他說：「我們不是VILLA，客戶來這裡不是度假和睡覺，而是來學習，我們會教他們如何料理，如何栽種蔬果。」他很認真地告訴我們：「這是一門事業！」

是呀！看似簡單的人生，但是多數國家及民眾卻朝另一個方向走——「賺錢第一！」比如，一九九七年為減少溫室效應對全球環境所造成的影響所簽署的《京都議定書》，全球排碳量前三名的中國、美國和印度，都以會損害經濟發展為由，拒絕加入。再看看我們周遭的廣告，幾乎都在鼓勵消費，社會也多以財富多寡論斷個人的價值。曾經號稱世界上最幸福的國家不丹，有高達九成七的國民認為自己很幸福，然而當不丹逐漸開放經濟和國際接軌，如今認為幸福的國民只剩下四成一。不丹總理在接受專訪時表示，富裕帶來欲望，也讓人民悖離了傳統價值觀，年輕人不願意留在鄉下務農，貧富差距和比較心態，降低了人民的幸福感。

我與大會分享台東聖母醫院的經驗。我們不只是醫院，從醫療跨界到社福、農業、教育、人文藝術等各領域，因為救災而成立了農場，因為要推廣健康而開始做有機。醫院雖小，但是自營的餐廳和老人送餐，每天服務超過一千人，我們學習土壤到餐桌的訊息，還將當地的食材如薑、南瓜、洛神花製成麵包、餅乾等，為農作物創造更高的價值。當其他單位前來農莊參訪時，農夫便不再只是農夫，而是教導學員認識自然、體會生命，以及肩負文化傳承的老師了。當明愛會整合了慈善、救濟、教育、醫療等資源，在忙碌的現代文明中重新喚起人類生命初始的意義與價值時，明愛會將不再只是明愛會，而是一股推動愛的革命的大力量。

各國農民與當地農民直接對話。

明愛會介紹當地有機堆肥的製作。

授記品第六

爾時，世尊說是偈已，告諸大眾唱如是言：「我此弟子摩訶迦葉，於未來世當得奉覲三百萬億諸佛世尊，供養恭敬，尊重讚歎，廣宣諸佛無量大法。於最後身得成為佛，名曰光明如來、應供、正遍知、明行足、善逝世間解、無上士、調御丈夫、天人師、佛世尊。國名光德，劫名大莊嚴。佛壽十二小劫，正法住世二十小劫，像法亦住二十小劫。國界嚴飾，無諸穢惡、瓦礫、荊棘、便利不淨。其土平正，無有高下、坑坎、堆阜。琉璃為地，寶樹行列，黃金為繩以界道側，散諸寶華周遍清淨。其國菩薩無量千億，諸聲聞眾亦復無數，無有魔事。雖有魔及魔民，皆護佛法。」

——《法華經．授記品第六》

《法華經．授記品第六》，佛陀預言提到四位聲聞弟子未來會成佛，包括苦修的迦葉、解空的須菩提、論理第一的迦旃延、以及神通能力最強的目犍連，並詳細說明其國名、人口、環境等資訊。

「授記」是佛陀給弟子最大的鼓勵，這四位弟子儘管各有不同的人格特質和能力，佛陀鼓勵他們要有信心。

不同的修行方式就像不同的信仰，佛教有各大派別，基督宗教有不同分支，每個人因其因緣選擇了最適合他的修行方式，而宗教交談就在「求同存異」的交流中，開放了信仰者的心胸，也印證著信仰生活。

五十年修來的一場宗教交談

地點是在花蓮瑞穗的一貫道長聖道場。七十多歲的林長圳點傳師拄著枴杖，在道親的攙扶下緩緩走上講台，面對著台下上百位來自全國各地跨宗教的代表及一貫道道親，他即將發表演說。講台的背板畫有一隻青鳥以及「愛」與「和平」兩幅大字，這是去年濟公活佛「扶鑾借竅」時批示下來的「訓中訓」主題。沒想到，還不到一年，第十三屆宗教與和平生活營隨即來訪。這是此道場成立二十年以來第一次的跨宗教交流。

林點傳師非常讚歎各宗教代表對於信仰的虔誠和驚人的意志力，尤其是在颱風來襲時，仍能克服種種困難遠道而來。而他和道場也是抱著「一輩子只能見這麼一次面」的態度來歡迎大家。他講述了一段往事，十八歲那年，有一間廟裡的乩童告訴他，將來有一天他會在不同宗教的信徒前面演講。年輕的他無法理解其中的道理，其實台灣當時也不曾有過「宗教交談」這個觀念。後來他專心修道、成立道場，沒想到今天預言成真。

林點傳師感慨地說：「為了這一天，我整整修了五十年。」

時間拉回五十年前的梵諦岡，天主教會在羅馬召開第二屆大公會議，教宗保祿六世發表了一道重要的通籲《祂的教會》（*Ecclesiam Suam*），其中有一段關於「宗教交談」，教宗提到「講話之前必須傾聽，不只是傾聽人的聲音，更要傾聽心的聲音……交談的精神是服務，更是友誼。」隨即大公會議公布了《在我們的時代》宣言（*Nostra Aetate*），這是天主教第一次向其他宗教打開友善的交談大門。一個劃時代的新觀念「你不信教也可以得救」正式出現在人類的歷史。

然而，宣言之後的五十年，全世界沒有幾個天主教徒懂得宗教交談，而在台灣真正從事宗教交談的天主教徒也只出現過這麼一位法國神父馬天賜。馬神父以主動、謙卑的態度向不同宗教團體學習，並和他們做朋友。一九九四年，他更邀請了佛教、基督教、天帝教，共同發起成立「中華民國宗教與和平協進會」（**Taiwan Conference on Religion and Peace, TCRP**），每年舉辦一次「宗教與和平生活營」，幫助更多人認識「宗教交談」。

以愛之名

此次生活營由天主教花蓮教區主辦，以「靈修生活」為主題，從八月二日至五日，四天三夜的巴士之旅，參訪花、東兩縣的宗教聖地，包括佛教慈濟精舍、佛光山日光寺、法鼓山信行寺、道教慈惠堂總堂、一貫道長聖榮園、天主教聖母健康會館及農莊等，另有多場專題演講及參加原住民聯合豐年祭等活動。

為了幫助天主教神職人員認識宗教交談，我與鮑霖神父（時任主教團宗教交談委員會執行秘書），用了半年的時間走訪了七大教區，進行教區內的交談。主教團並於活動前一天，邀集教內菁英，包括鍾安住、黃兆明兩位主教及多名神父、修女，率先召開會前會，學習瞭解宗教交談的態度、並認識佛教、一貫道、天帝教等不同宗教，為接下來的生活營做準備。

然而，活動前一天，蘇拉颱風卻來攪局，主辦單位迅速發出簡訊通知學員，只要花蓮宣布停班停課，或者開往花蓮的鐵路無法通行，此次營隊即告取消。儘管當時花蓮的風雨不大，但天候混沌不明，幾個參訪單位不斷來電詢問我們確定的用餐人數，因為要預先準備食材。可是當時沒有人知道營隊究竟能不能如期舉行，到底會來多少人？聯絡的電話雖多，我們的心倒很安定，我們預先推演了所有的可能性及應變措施，仍依原訂計畫進行相關的準備。

活動當天，颱風造成全台十多人傷亡，花蓮確定停班停課，鐵路亦宣布停駛。照理說應該是要停辦營隊的，沒想到李玉柱理事長和黃兆明主教卻一致認為，假如花蓮沒有太大的風雨，生活營應可繼續完成既定行程。最後，我們決定活動照常舉行，有多少人就多少人（這個營隊可能是當時全台灣唯一沒有停辦的活動）。

當晚，幾位小組長陸續抵達牧靈中心，有位統一教學員從台南來，他先搭火車到台東，因鐵路不通，於是他再改乘公車一路晃到花蓮。他們的出現給了我們很大的鼓勵，我們取消了原訂的表演活動，改與二十多名已報到的學員一起欣賞電影《以愛之名：翁山蘇姬》（*The Lady*），這部電影描述諾貝爾和平獎得主翁山蘇姬的故事，儘管她被緬甸軍政府軟禁了十五年，但她仍堅持以愛與非暴力的方式，爭取緬甸的民主和人權。翁山蘇姬向自由世界的人民喊話：「請用你們的自由，來促進我們的自由。」電影拍攝過程，飾演翁山蘇姬的女主角楊紫瓊遭緬甸驅逐出境，電影也不能在當地上映。導演盧貝松豪氣地說：「歡迎緬甸盜版，用一切管道讓緬甸人看到這部電影。」

面對這麼一位為了民眾福祉，不惜犧牲個人幸福的歷史人物，我們靜默祈禱。我也思索著此次生活營充滿變數的另一層意義，佛教相信舉辦法會時會吸引有形及無形的眾生，我們是否也可以將這颱風解釋為一場風雲際會的因緣呢？至於營隊能否如期舉辦？學員能不能來？想不想來？或許存在著不可知的深刻意義。

隔天，火車全面停駛，宜蘭道路中斷，沒想到竟然有學員從宜蘭開車繞回台北，改走西部道路，再由屏東繞進花蓮，整整開了十六個鐘頭的車子，只為了要參加此次的營隊。李玉柱理事長及多名工作人員亦從台北搭乘第一班飛機趕來，超過三分之二的學員都到了。

我問他們為什麼這麼堅持前來？難道不擔心安危嗎？

他們告訴我，說不擔心是騙人的，但是他們向神祈禱，而每個人得到的訊息都是可以來。既然決定要來了，交通與時間便不再是問題了。

我們在花蓮主教公署大堂舉行了簡單的開幕式。當〈天主經〉的歌聲響起，我內心激動不已。李玉柱理事長也感性致詞，他說宗教人的思考方式和一般人不同，通常有災難發生時，一般人會趕緊逃離災區，而宗教人卻急著要進去救災。目前有一位學員雖已完成報到，現在人在災區投入救災。至於在這裡的我們，則有不同的使命，我們在為未來世界的和平做準備。

雖然人生多舛，我們喜悅以對。

黃主教也開玩笑說，下一次祈禱的時候要記得把範圍放大一點，不要只記得祈禱花蓮有好天氣，卻忘了其他地方的人來不了。

哈！有信仰的人的靈修深度，表現在他面對生活的處理態度。

為愛啟程的靈修生活

營隊隨即展開一連串的聖地參訪。第一站到慈濟功德會。慈濟原本為我們安排的行程，也因為緊急成立的救災指揮中心而不得不稍作調整，這反倒讓我們有機會見識到慈濟驚人的救災動員力。慈濟以「慈善、醫療、教育、人文」四大志業為發展方向，在四十七個國家設有分會或聯絡處，全球有超過四百萬慈濟會員，援助七十多個國家。負責接待我們的劉師兄，本身是天主教徒，卻在佛教團體工作並擔任要職。他告訴我們，慈濟為人所熟知的四大志業，其實是佛教徒的靈修生活所表現出來的外在形式。對他而言，四大志業也是天主教徒的靈修生活。

接下來我們參訪了花蓮慈惠堂總堂，總堂以迎接神駕的規格隆重接待我們。這是慈惠堂成立六十年來，第一次有這麼多不同宗教的代表齊來參訪，是不曾有過的大事。身著藍衣、一副仙風道骨的吳水堀堂主與所有幹部，娓娓道來他們與慈惠堂的因緣，都是真真實實發生的感動。從日據時代地上出現放光的神蹟，信眾們用磚瓦圍出小廟、用空罐子充當香爐。到如今，全省有上千尊母娘分身，總堂也成為每年成千上萬信眾回鑾的大廟，然而慈惠堂總堂始終低調，沒有看過他們的廣告，也不曾對外募款。「報紙上看不到一字，電視上看不到一影」。

我問堂主為什麼慈惠堂要這麼低調？知名度高一點不是更能鼓勵大家一起做好事嗎？堂主笑說，因為母娘有交待！我們只是做事的人，母娘交代什麼我們就做什麼。做事不是要給人看的，而是人要對母娘負的責任。

什麼宗教最好？

此次的生活營突破了以往只停留在一地活動的模式，而是分別寄宿在不同的宗教道場。如此一來，學員可以多些時間實際體驗不同宗教的靈修生活，也能多一點機會「面對面」交談。此次也同時安排了參訪慈濟、佛光山、法鼓山等三個佛教團體，我們發現雖然同是一佛所教，卻有相當不同的文化呈現。基督宗教不也如此？長期跟隨法鼓山聖嚴師父在國際間奔走的果祥法師，有很多不同信仰的朋友，她曾問過她的牧師朋友，你的信仰說我如果不信你的神，死後會下地獄，那麼我會不會下地獄？這位牧師笑說，我不知道你會不會下地獄，但是如果我死了以後在天堂看不到你，這樣的天堂我也不要去。但是同樣的問題，卻有牧師直言：「你會下地獄！」

「你是誰？竟敢論斷別人呢？」（〈雅各書四〉）宗教狂熱者不澄清自己的心，卻想清理整個世界。不要裁判你不能裁判的，每個團體都有值得我們學習的地方，「敬其所異、愛其所同」，這是合一運動與宗教交談最基本的態度！

聯華電子顏博文執行長與我們分享「一個科技人的宗教學習之旅」，他轉述了一段達賴喇嘛與巴西神學家李奧納多．波夫（Leonardo Boff, 1938-）的對話：

神學家問達賴喇嘛：「什麼宗教最好？」神學家猜想，達賴喇嘛應該會說藏傳佛教，或者東方宗教比基督教歷史還要悠久之類的話。然而，並沒有。達賴喇嘛稍頓了一下，微笑地看著神學家的眼睛說：「如果一個宗教讓你更接近上帝，讓你成為一個更好的人，那就是最好的宗教。」

這個充滿智慧的回答令神學家覺得不好意思，因為這個問題其實是帶有敵意的。於是神學家接著問：「什麼會讓我更好？」

達賴喇嘛回答：「只要是讓你更有慈悲心，更有覺察心（more sensible），更有平等心（more detached），更有愛心，更有人性，更有責任感，更有道德感，能對你有如此影響的宗教就是最好的宗教。

「朋友，我對於你的宗教或者你有無宗教信仰不感興趣，對我來說你在你的朋友面前或是家人，及工作、社會及世界上的所作所為才是最重要的。記住，這個宇宙是我們的思想及行為的投射，……如果我以善心來行動，我就會得到善報；如果我以惡心來行動，我就會得到惡報。快樂不是註定的事，而是一種選擇。

關照你的思想，因為它會變成語言；
關照你的語言，因為它會變成行為；
關照你的行為，因為它會變成習慣；
關照你的習慣，因為它會形成你的個性；
關照你的個性，因為它會成為你的命運；
而你的命運，就是你的人生。

宗教交談不應該只是理論，也不僅止於表面的交談，或是玩得很開心的聯誼活動，而是一個存在著深度、創造力的彼此認識、瞭解及相愛。天主教本篤會的阿布希克湯達神父（Dom Henri Le Saux, Swami Abhishiktananda, 1910-1973）曾寫下一段話描述「深刻的宗教交談」：

我們必須學習，在我們自己的心靈深處，體驗到別的宗教信徒的最深宗教經驗。不但如此，我們必須學習，把其他宗教信徒的經驗，轉化成自己的靈修經驗。同時，也在他們內看到我們自己最深的宗教體驗。換言之，我們也須把自己開放給其他宗教的朋友，使他們意識到我們最深的靈修經驗；同時，也在他們的心靈深處，看到我們最深的靈修經驗，是與他們最深的靈修經驗契合的。

法師、修女和一貫道道親一起到道教廟裡參訪，這是台灣才有的奇蹟。

結業式時，學員熱情地分享這三天營隊帶給他們的啟發與感動，不同的信仰之中有一個共同點是「善」，「五百個人可以成就一尊千手千眼觀世音菩薩」。"We are one family under God."有一位天主教修士今年不滿十八歲，他說接觸不同的宗教，讓他有更開闊的視野面對未來的靈修生活。「雖然我們不是最棒的，但我們是最美的！」

李玉柱理事長笑說，同樣是十八歲，一貫道的林點傳師修了五十年才能在不同宗教的人面前演講五分鐘，你今天講得比他還久，將來一定會更有成就。理事長以六個字總結他對此次生活營的感受：「感恩、感動、感謝。」

最後，黃兆明主教拿出《在我們的時代》這份歷史文件，在他身後的背景是釋迦牟尼佛雕像。他說：「教宗在一九六四年大公會議就說要進行宗教交談，但是直到今天，五十年過去了，台灣也只出現一個馬天賜神父。宗教交談很重要，如果沒有開始，就永遠沒有開始。宗教交談還是一個未知的領域，我們都在學習，而生活營只是一個開始，讓我們一起加油！」

後記

林長圳點傳師於隔年過世，三年後仙佛降旨，他已成佛，給了一貫道道親們很大的信心。二〇一〇年翁山蘇姬獲釋，日後成為緬甸政府的實質領袖。二〇一六年，超過百萬的伊斯蘭教徒羅興亞人遭受激進派佛教徒及政客迫害，翁山蘇姬對此議題選擇避重就輕，受到國際社會嚴厲抨擊。

林長圳點傳師發表五十年修來的一場演講。

鮑霖神父在一貫道道場舉行天主教早禱。

化城喻品第七

「譬如五百由旬險難惡道，曠絕無人，怖畏之處，若有多眾，欲過此道至珍寶處。有一導師，聰慧明達，善知險道通塞之相，將導眾人，欲過此難。所將人眾，中路懈退，白導師言：『我等疲極，而復怖畏，不能復進，前路猶遠，今欲退還。』導師多諸方便，而作是念：『此等可愍，云何舍大珍寶而欲退還？』作是念已，以方便力，於險道中，過三百由旬，化作一城，告眾人言：『汝等勿怖，莫得退還。今此大城，可於中止，隨意所作。若入是城，快得安隱；若能前至寶所，亦可得去。』是時，疲極之眾，心大歡喜，嘆未曾有：『我等今者，免斯惡道，快得安隱！』於是眾人前入化城，生已度想，生安隱想。爾時，導師知此人眾既得止息，無復疲倦，即滅化城，語眾人言：『汝等去來，寶處在近。向者大城，我所化作，為止息耳！』」

——《法華經．化城喻品第七》

學習有進階，菩提道有次第，就像電腦程式從一．〇到二．〇，功能更強大、速度更快、服務更廣。《法華經．化城喻品第七》即是說明如何引導修行者再進階。故事中有一個聰明的嚮導要帶領大眾到遠處的豐饒之地。他一方面要指引明路避開險境，同時也要適時運用善巧方便，提高眾人求道的意願。當眾人被環境折磨得幾近放棄時，嚮導運用神通力，幻化出一座城堡，宛如朝聖途中的驛站（hospice），讓眾人進到城內獲得休息。等到眾人吃飽喝足，獲得充分休息之後，嚮導就去除化城，向眾人說明真相：目的地已然不遠，我們繼續上路吧。

「諸比丘，若如來自知涅槃時到，眾又清淨，信解堅固，了達空法，深入禪定，便集諸菩薩及聲聞眾，為說是經。世間無有二乘而得滅度，惟一佛乘得滅度耳。比丘當知，如來方便、深入眾生之性，如其志樂小法，深著五欲，為是等故、說於涅槃，是人若聞，則便信受。」

佛陀為何要到涅槃之前才講《法華經》？因為對於還沒有準備好的人，是聽不懂《法華經》的。佛陀最初教導小乘涅槃法門，許多弟子在得到平靜和喜悅之後，便已心滿意足，忘卻了修行的終極目的是要「覺醒」，與神同行，幫助世界變得更好。就像沒有宗教信仰基礎，無法瞭解宗教交談的深意。宗教人當然可以在自己的團體裡安身立命，就像老人家習慣用舊電腦舊程式，對於新產品難免畏懼多慮。一味的保守，可惜了這些他前所未見的新世界，那也是神所創造的世界全貌。

宗教交談可以拓展我們對真理的認識，並從信仰一・〇版本，進階到信仰二・〇。

在南韓所舉行的「和平特別諮詢會議」

好友來電，問我能否代表台灣參加在南韓舉行的和平特別諮詢會議？以宗教人的立場，為聯合國即將設立的宗教委員會提供具體建議。

我當然很樂意。但我問他：「為什麼是我？有很多人比我更夠資格，難道你們不想去參加嗎？」

他回答：「因為我們都沒有被選上，而你將是台灣的唯一代表。」

被選上？我還是不懂，但是他也沒有說清楚。一星期後，我們相約台北見面，因為聯盟裡的人想見見我。

當天，他們來了四個人，其中有兩位是我認識的宗教人，但這是我們第一次比較長時間的交談。我們天南地北聊了一些瑣事，包括工作、電影、興趣以及宗教交談的經驗。我還是問了那個相同的問題：「為什麼是我？」

副秘書長微笑地對我說：「到現在我真的確定，你確定是那個被選上的人。」這才開始告訴我整件事情的始末。

原來，數個月之前，他們早已知道有這個特別諮詢會議，但是代表人選始終無法確定，這個人要能代表台灣、還要能對此宗教的主題為聯合國提出具體的建言，因為全世界只有二十五個人能參加，所以各國代表的名單仍須經過美國的和平聯盟總會作最後確認。

副秘書長說她在祈禱靈修中，腦海中的「白板」忽然浮現我的名字，便問大家有沒有認識一個叫「陳世賢」的人？認識我的人說確有此人，而且也覺得我蠻合適的，於是她請友人打電話問我前去參加會議的可能。待我回覆後，她才將我和其他幾位可能人選的名單送去美國總會作最後確認，因為她也沒有那麼大的把握。沒想到，總會的秘書長最後勾選出來的人竟然也是我。

副秘書長很肯定地對我說，從剛才我們談話的內容，她看到一個有宗教情懷、寬闊世界觀和豐富創意的人，她說：「你確定是那個被選上的人。」

何其有幸！我感動得都快哭了。

你們為何沒來？

與會者來自歐亞非三洲、十四個國家、共有二十二名代表，背景有政府官員、學者、NGO、NPO、宗教領袖等。討論主題有三：一、在聯合國成立以信仰為基礎的組織之重要性。二、亞太區域聯盟的展望。三、建議策略。這幾個題目都很大，我並不寄望我們開個會就能有什麼貢獻，倒是觀察與會者的感覺最是有趣，因為不是所有與會者都具備「高靈性」，雖然都是好人，但深度仍有差異。為什麼他們也來？隨著議程的展開，許多事情逐漸清明，雖然大多是老生常談，比如戰爭、飢荒、環保、醫療、社會變遷等，但卻因彼此不同的背景，反而可以看到不同的面向，畢竟當局者迷，思考容易趨於狹隘。我更高興知道的是，世界上還有很多人和我們同樣在關心著「人類共同的課題」，並且實際做出貢獻。我也慢慢發覺我可以扮演的角色——從有信仰的角度提出創意與整合。畢竟是否有信仰，差異極大！一般人的想法太現實，而有信仰者又過於形而上、欠缺執行力，至於創意與整合，確實需要有跨界合作經驗的人，提出不一樣的可能性。我們的會議之後，緊接著在南韓舉行的就是全球核武高峰會議。多國領導人及科學家一起討論如何限制核武，為世界減少一點戰爭的威脅。

當討論為何聯合國想要成立一個「以信仰為基礎的組織」時，總會主席湯馬斯（Dr. Thomas）憂心地說，聯合國遇到了瓶頸，許多事情受制於各國相互間的制衡，幾乎奄奄一息，應該關心的世界議題大家都知道，但是都提不出解決方案，或者根本不想處理。比如說為減緩地球暖化所發起的「京都減碳協議」，幾個排碳量最多的國家，包括美國、中國、澳洲、印度等皆拒絕參加，世界大國的責任在哪裡？聯合國有五席常任理事國，理應肩負維持國際和平與安全的責任，卻也是販售武器並從中獲取暴利的國家。是伸張正義還是助紂為虐？

至於聯合國的維安行動真的解決了問題嗎？來自「世界火藥庫」巴爾幹半島，波士尼亞的前任總理哈桑（Dr. Hasan）告訴我們，一九九二年爆發的波士尼亞內戰，塞爾維亞人殘殺年輕男子、禁止波國婦女生育，企圖滅絕非東正教及非塞爾維亞裔的族群，內戰長達四年，造成二十萬人喪生，這是二戰以來歐洲最血腥的衝突。一九九五年，聯合國維安部隊介入，要求各方簽定「達頓協議」，雖然暫時結束了內戰，卻也加深了彼此間的仇恨與不信任。

二〇一二年四月六日，波士尼亞各地舉行悼念活動，在首都塞拉耶佛（Sarajevo）舉辦了一場音樂會，大街兩側排滿了一一五四一張空椅子，交響樂團和合唱團面對著空椅子唱著：「你們為何沒來？」每一張椅子代表著一位在二十年前和平抗議中遭塞爾維亞狙擊手擊殺的平民。當平民死難者倒下後，歐洲聯盟在一九九二年四月六日承認波士尼亞脫離前南斯拉夫獨立。其後三年半，波國內部形成嚴重的種族對峙，全國將近半數人口四百萬人逃亡避難。如今，維安部隊走了，大家鬥得更凶，傷害至今仍難以復原，而聯合國是不會瞭解，也解決不了的！

同文同種同文化，只因狹隘的種族仇恨與宗教信仰不同，便完全泯滅人性，濫殺無辜。回顧台海兩岸的對峙、南北韓的仇視，問題看起來也差不多。我認為最主要的問題在「心」！畢竟聯合國是以國家為主體的政治組織，政治很難解決「心」的問題。心的問題，或許可以在信仰裡找到出路。

二〇〇〇年聯合國透過一個聯合國的外圍宗教組織，舉行「千禧年世界宗教與精神領袖和平高峰會議」（The Millennium World Peace Summit of Religious and Spiritual Leaders）。這是聯合國成立五十五年以來，第一次盛大召開世界宗教領袖會議，希望藉著宗教的信仰和愛的精神，來完成世界和平的目的。但是接下來，聯合國「以信仰為基礎的組織」該怎麼做呢？

你讓不同層次的聲音有了交集

緊接在我們會議之後，首爾隨即舉行「全球核安高峰會」，來自全球五十多個國家的元首參加，討論如何保護核子原料和設施，避免非法的走私。緊接著是北韓完全不理會聯合國禁令，在紀念前領導人金日成百年誕辰活動時，試射飛彈。南韓總統隨即發表電視講話表示，北韓為此次火箭發射耗費的錢可以養活數百萬人，相當於北韓人民六年的糧食缺口，他呼籲北韓放棄核武與開放改革。結果引起北韓痛批，北韓第一主播也以

原子彈之父歐本海默目睹原子彈驚人威力，不禁引用《薄伽梵歌》的句子自況：「漫天奇光異彩，猶如聖靈逞威，只有千隻太陽，始能與它爭輝。現在我成了死神，世界的毀滅者。」印度破壞神溼婆，外圈的熊熊烈火象徵燒毀貪嗔痴。（攝於印度瓦拉納西）

激昂語調，報導北韓將不惜炸飛首爾。

很諷刺，不是嗎？正如與會的學者所直言，不要想得太美，聯合國本來就是以國家為主體的政治組織，這是事實！國際上看的都是軍事力量，誰會聽我們這些沒有軍事力量的宗教人的話？

忽然間，會場氣氛為之一沉。是呀，為什麼他們要聽我們的？再說，宗教不要變成戰亂的始作俑者就不錯了。

這讓我想起了我們醫院在部落推動健康時，幾乎面臨相同的困境。台東是全台灣最窮也是平均壽命最短的縣市，問題始終來自於菸酒、檳榔這些不好的生活習慣，我們醫院想要幫助當地人更健康，沒想到他們竟然對我們說：「你們不要來。你們來，就是教我們不要抽菸喝酒吃檳榔，那些都是我們的最愛。」沒錯，他們都知道這些習慣不好，除非生病了，否則通常不會把健康放在心上，甚至是擁有最多健康知識和資源的醫護人員，也都過得很不健康。健康需要的是力行！

和平也是一樣，和平很重要，但是一般人對和平沒有興趣，除非發生了戰爭。和平其實層次並不高，也不需要什麼高深的理論，問題是沒有人要「力行」！我們為和平做了什麼？為什麼做不到？不想做？換句話說，沒有意願，沒有化為具體的行動，健康與和平都是空談！所以，要改變態度，改變方法！

現在聯合國對於不聽話的國家所採用的手段是「制裁」。制裁有用嗎？短時間內看似有效，問題卻沒有解決。制裁受苦的是誰？是人民呀，這和宗教人的慈悲是完全抵觸的。我說，我們不應該制裁他們，相反的，我們要幫助他們，才能從「心」改變！為什麼我們擔心中國大陸和北韓的發展？其實我們擔心的是他們的「心」。我舉慈濟多年前到中國大陸救援水患，當時有許多台灣人不能諒解，批評慈濟是「資匪」。但這麼多年過去了，許多大陸人民感謝台灣人的善意。善的種子種下去了。這幾年，大陸醫護人員以我們醫院為模範學習如何照顧癌末病患，因為我們有目前大陸醫療最欠缺的「愛」。愛不是理論，也不是口號，而是行動！愛，雖然看不到、摸不著，卻是人們生命中很重要的感受。至於為什麼我們能這麼無怨無悔的去愛人？其實是因為信仰！雖然他們還不懂信仰，但是他們至少懂得愛，有了愛，就可以開始改變心。心改變了，他們可以去照顧更多的人。至於信仰，那是每個人特別的恩惠和緣分，不必強求。但做好事，莫問前程。慈悲是解決問題最好的方法。

面對宗教交談與和平的渴望，我想起了宮崎駿在《風之谷》的描述：武裝直升機是逆風飛行，娜烏西卡的海鷗機是乘風而飛，但在《龍貓》裡卻變成了風。

撲刺刺……我聽見鼓翼的聲音。

藏傳佛教的聖地西藏布達拉宮，不也是化城？

以宗教為基礎的和平會議。

五百弟子授記品第八

「世尊，譬如有人至親友家，醉酒而臥。是時親友官事當行，以無價寶珠、繫其衣裏，與之而去。其人醉臥，都不覺知。起已、遊行，到於他國。為衣食故，勤力求索，甚大艱難，若少有所得，便以為足。於後、親友會遇見之，而作是言：『咄哉、丈夫，何為衣食乃至如是。我昔欲令汝得安樂，五欲自恣，於某年月日，以無價寶珠、繫汝衣裏，今故現在。而汝不知，勤苦憂惱，以求自活，甚為癡也。汝今可以此寶、貿易所需，常可如意，無所乏短。』

「佛亦如是，為菩薩時，教化我等，令發一切智心。而尋廢忘，不知不覺，既得阿羅漢道，自謂滅度，資生艱難，得少為足。一切智願，猶在、不失。今者、世尊覺悟我等，作如是言：『諸比丘，汝等所得，非究竟滅。我久令汝等種佛善根，以方便故，示涅槃相，而汝謂為實得滅度。』」

——《法華經．五百弟子授記品第八》

佛陀先為「說法第一」的弟子富樓那授記，再為當初隨同佛陀離開祖國、經歷苦行的憍陳如，以及五百名阿羅漢授記。這些人跟隨佛陀學習的日子最久，最清楚佛陀現在的教法與過去的不同，一開始學習「苦集滅道」（四聖諦），「十二因緣」，接下來佛陀教導般若智慧，根本「無苦集滅道」，再進入到另一個層次。

正如一般人修行的開始多半是因為「苦」，瞭解了苦，才知道如何解決苦。後來，佛陀提醒弟子，如何看待「苦」，如果這苦是你能重新活過來的關鍵，那麼苦就不再是苦，若無苦可言，哪來的集滅道？

這一品的內容延續著第六品的授記，鼓勵了許許多多在教團裡服務多年的神職人員，他們的努力必得回報。在此感謝所有在外國服務的神職人員，他們無私地奉獻生命，幫助許多人認識他們生命中的偉大主宰。他們活出了天主的肖像，天主在天國早已備好了屬於他們的榮耀冠冕。天主的教誨如同《法華經．五百弟子授記品第八》比喻的那顆寶珠，永遠與他們同在，也與我們的心靈同在。

被遺忘的時光，在愛爾蘭

在台東聖母醫院大廳的地板上，有一個由五個英文字母M所組成的十字架圖案，我問過許多資深員工，她們都不知道這圖案的意思，有人猜會不會是M&M's巧克力？

去年底，我在澳門認識了一位愛爾蘭的朋友喬治（George Barter），我們一見如故，相談甚歡，第一次見面就聊了整整六個鐘頭，他邀我有機會一定要到愛爾蘭找他。我告訴他，我要謝謝你們。他問為什麼？我說，五十年前正是愛爾蘭的修女來台灣創辦了我們的醫院。他問我是哪個修會？我很慚愧，我真的不知道他們的英文名稱。他笑說，沒關係，如果有機會，請你一定要到愛爾蘭來看看她們。

其實，早在多年前在整理院史資料時，我已有去拜訪愛爾蘭修女的想法了，我完全被修女們無私奉獻的精神所感動，真希望有一天可以去看看她們，親口說聲謝謝！醫院裡關於愛爾蘭修女的資料很少，這是我查到最早的記錄：

因不忍看到懷孕的婦女在田裡生產，也不忍看到窮人在衛生條件不佳的環境下缺乏醫療照顧，錫質平神父希望能籌建醫院，但是苦無醫生，於是錫神父轉而向當時的梵蒂岡駐華大使愛爾蘭籍的黎培理主教（Mgr. Riberi）求助。經由黎主教介紹，找到了愛爾蘭「聖母醫療傳教會」（Medical Missionaries of Mary，簡稱MMM），是一個以醫療福傳為使命的修女會，借助蘇蘊芳及柯淑賢兩位修女的助產士專長，聖母產院於是有了眉目。一九六一年十二月十二日，蘇蘊芳修女及柯淑賢修女經過長途跋涉抵達台北。幾天後，她們在距離台東市二哩的馬蘭地區，找到一個有水電的可愛的小房子（白冷會提供的公東高工學生宿舍），做為臨時的修會。兩位修女先是到鄉下去訪視，到家裡去幫病人做醫療服務，也一邊學國語。她們騎著腳踏車巡迴村落，並在錫神父的建議下，開始有了一個門診區及一個四床的產科病房，位於臨時修院的一樓，也就是台東聖母醫院的發祥地。……當時產院服務的項目包括婦產科、內科門診及啟用檢驗室，由柯淑賢修女擔任院長。因為台東沒有護理學校，專業護理人才難找，除了陸續來到的美國修女田美玲之外，醫院裡的工作人員，都是經由各堂區的神父，介紹當地剛從學校畢業比較乖巧的年輕少女，然後醫療技術都是修女們自行訓練教導。

原來，大廳地板上的M型十字架圖案，正是聖母醫療傳教會MMM在台灣留下的印記。在醫院服務超過四十年的同仁告訴我，那時候柯淑賢修女看不懂中國字，但是為了教育原住民小護士，她把整本婦產科的專書全用羅馬拼音拼成中文，一字一句的教。早期的病人很多，醫院裡卻只有一個裴醫生，一個早上往往要看七、八十個病人，非常辛苦！

聖母醫療傳教會在全亞洲只有台灣一個會院和五、六名修女，人力非常單薄，她們原本希望在台灣能有聖召，但十幾年來都沒有。隨著台灣的生活逐漸改善，醫療品質已有提升，MMM決定把力量集中到更需要的非洲地區。一九七五年，聖母醫院改由仁愛修女會接辦，愛爾蘭修女全部撤離台灣。這段歷史彷彿也被打上了句號，成為一段被遺忘的時光。

今年八月，知本天主堂的卜魯士神父從美國寄來幾張相片，他去拜訪曾在聖母醫院服務過的修女會，他說修女還記得台東，只是年紀大了，精神不大好，沒辦法多聊。唉！這幾句話讓我感慨萬千，「愛，真的要趁早。」九月，我受邀到愛爾蘭首都都柏林參加芳療在醫療臨床運用的國際會議，這是一個好機會，我便寫信給愛爾蘭的喬治，請他先幫忙打聽一下。因為從網路上的資料看來，MMM的組織不少，而我既不知道修女的英文人名，也不知道要到哪個單位去找誰，又過了這麼多年，恐怕記憶早已隨風而逝。

很幸運的，喬治問到了一位老修女知道此事，她是MMM會所的主任卡蘿（Carol Breslin）。我到愛爾蘭之後，隨即打電話給她，簡單說明來意。我說：「我只是想去看看你們，代表台灣人謝謝你們。」

萬里尋親

MMM會所位於布特斯鎮（Booterstown），距離都柏林大約半小時車程。雙層巴士從城市開往鄉間，沿途景觀不斷轉換，感覺卻很熟悉，好像台東呀！一樣的綠草如茵，同樣的海天一色，或許可以稍減修女們的鄉愁吧。是呀！五十年前，愛爾蘭的修女們來台灣幫助了這麼多台灣人，然而卻從來沒有一個台灣人來愛爾蘭看看她們。今天，我來愛爾蘭尋根了！

下車後，步行約十五分鐘終於到了MMM會所，一堵低矮的白牆上寫著幾個好熟悉的英文小字Medical Missionaries of Mary。很簡單、極素樸，很有修會的低調風格。看到會所前的聖母和修女像，我幾乎忍不住要哭了。卡蘿親自來歡迎我們，她很貼心，預先從檔案室裡找出塵封了三十多年的相本，這是MMM修女在台東服務的記錄，大部分的相片都是我在台灣不曾見過的、也不曾經驗過的歷史。

愛爾蘭修女在醫院門口的聖母像前合影。左起分別是蘇蘊芳、田美玲、裴蕙蘭、柯淑賢修女。

愛爾蘭修女與很有台灣味的水牛，左起為柯淑賢和蘇蘊芳修女。

MMM修女找出的相片和我從台灣帶來的英文小冊的封面竟是同一張。

田美玲修女在雜貨店前做衛教。

我也帶來了一些聖母醫院的英文出版品和中文院史，雖然有關MMM的記錄並不多。我們一頁頁的翻閱著，她從相片辨識每一位修女的名字，我則為她簡單翻譯文章的內容。早期在聖母醫院工作，最特別的就是經常需要翻譯，因為修女和醫師是外國人，有些不會說國語，而台東民眾所使用的語言包括國語、台語、客語和六種原住民語，不可能有人懂得所有的語言，所以都要透過翻譯，甚至要轉譯成好幾種語言。老員工說有時遇到病況緊急，翻譯得太慢，修女甚至會急得擰小護士的手。

哈哈哈！卡蘿告訴我，她原本有機會到台灣的，不過她被派遣到非洲，而且一去就是二十幾年。MMM前後十四年總共派了八位修女及會士到台灣服務，包括：柯淑賢（Sr. Kieran Saunders）、蘇蘊芳（Shirley Smith）、裴蕙蘭（Sr. Petria Whelan）、田美玲（Maureen Sinnott）、瑪麗亞（Sr. Maria Glancy）、瑪德蓮（Sr. Madeleine Leblanc）、莫琳（Sr. Maureen McDermott）、莫拉（Maura O'Domohue）。如今多已過世，只剩瑪德蓮還活著，現在美國服務。

都走了呀？雖然我心裡早有準備，但仍不免有些感傷。

或許以後你們可以來幫助我們

不久，總會長喬安娜修女（Sister Joanne Bierl）和其他修女也一起加入我們，她們在泛黃的相片裡覓尋姊妹們的身影，那段被遺忘了的時光，慢慢迴升出我們心坎。其中有一張相片是從山上俯拍聖母醫院，一棟簡單素雅的白色小房子座落在空曠的水田中，修女還在相片上畫了一個箭頭，寫著：Now we are 3 in the Orient（我們有三個姊妹在這裡）。這張相片和我從台灣帶來的英文小冊的封面竟是同一張，大家相視而笑。

我向她們分享聖母醫院的現況，如何從「生嬰仔的醫院」轉型為照顧癌末病患的安寧病房，如何從照顧糖尿病患進而推動全方位的健康促進，如何因為救災而引進芳香照護，如何度過倒閉危機，在艱困的醫療環境下朝「療癒醫院」的方向前進。修女們對於聖母醫院的發展感到十分欣慰，稱讚我們走的是一條對的路。我謝謝她們說：「是你們所留下來的奉獻精神，一直引導著聖母醫院做應該做的對的事。」

臨走前，我將此次參展帶去的所有精油全部送給修女，她們興奮得幾乎都跳了起來。喬安娜會長告訴我們，幾乎所有MMM的修女都有使用精油，芳療運用在照顧老人和安寧病房的成效極為顯著。然而，儘管是她們自己的醫院裡也仍有一些質疑的聲音，以至於無法全面推廣，目前芳療也僅使用於安寧病房。「為什麼這麼好的東西他們不用呢？」喬安娜笑說：「或許，以後你們可以來愛爾蘭幫助我們，如何在醫院裡推廣芳療。」

我點了點頭，再次謝謝她們，並邀請修女們有機會一定要來台灣，來看看她們的姊妹們所創辦的「家」。

回程的巴士上，我的感覺悲欣交集，彷彿完成了五十年來的缺憾，也感傷有些人這輩子恐怕再也見不到面了。忽然，天空下起雨來，在我心中響起了一首歌：

是誰在敲打我窗，是誰在撩動琴弦，
那一段被遺忘的時光，漸漸地迴升出我的心坎。
是誰在敲打我窗，是誰在撩動琴弦，
記憶中那歡樂的情景，慢慢地浮現在我的腦海。
那緩緩飄落的小雨，不停地打在我窗，
只有那沉默無語的我，不時地回想過去。
是誰在敲打我窗，是誰在撩動琴弦，
記憶中那歡樂的情景，慢慢地浮現在我的腦海。

回到台灣後不久，我收到一封卡蘿主任的來信，她很感謝我們的到訪，也讓她們瞭解聖母醫院在MMM離開後的發展，她寫了一篇文章記錄此事，將發表在MMM的月刊。我也收到喬治的信，他住在愛爾蘭南部的科克，原本計劃與我在都柏林見面的，卻因家人突然過世而臨時取消，他感到十分抱歉，我飛了將近半個地球來到愛爾蘭，他卻連約三百公里的小障礙都無法克服。更遺憾的是他從來不知道他們國家的修女在國外做了這麼多好事，這也是在愛爾蘭被遺忘了的時光，尤其這五到七年來，修會衰化得很快，修女們老了、走了，有些單位為了生存，不得不變賣地產。但現在整個歐洲的景氣很差，修會支撐得很辛苦。

德蕾莎修女曾說：「在別人的需要上看到自己的責任。」我們的責任在哪裡？凡事相信，凡事盼望，凡事忍耐，我們只能盡力而為，至於結果如何，那就是天主的旨意了。或許五十年後，人們會記得我們這段永不止息的美麗的愛的時光。

附文

天主給「散者人」的一個希望

「白冷會」全名白冷外方傳教會（Bethlehem Mission Society, SMB），簡稱白冷會，白冷會源自於十九世紀末法國籍巴皮耶神父為培養神職人員，在瑞士琉森市附近創辦傳教中學，並於一九二一年在瑞士中部施維茲州的茵夢湖（Immense）創辦白冷外方傳教會。「白冷」指的是耶穌誕生之地白冷城（或稱伯利恆城），「外方傳教會」的意思是要到沒有神職人員的地區傳教。白冷會的成員有單身、有已婚、有平信徒也有修士及神父，在瑞士設有學校、農場和果園。神職人員以農牧與教書維生，過著儉樸清貧的生活，學生則必須在農場打工以賺取學費。白冷會會長魏主安神父回憶當年讀神學院的學費，便是拿著成績單和政府及教會的許可證書，挨家挨戶去敲門所募得的。

這愛催迫著我們與非、亞及拉丁美洲的窮人一起奮鬥，並偏愛他們。

——路六二〇—二一

白冷會傳教的範圍包括菲律賓、非洲的辛巴威、日本、哥倫比亞、海地、尚比亞、坦尚尼亞、秘魯、厄瓜多、肯亞、玻利維亞等地，而傳教活動和建設的龐大資金，全部仰賴恩人的捐助。首批傳教士於一九二五年來到素稱「北大荒」的中國東北，成立了第一個教區「齊齊哈爾教區」。二次大戰後，國共戰亂不斷，外國傳教士被共產黨以帝國主義的罪名加以拘禁、勞改、驅逐出境。

海岸山脈的傳教士

一九五三年十月十二日白冷會的兩位傳教士錫質平神父（Fr. Hilber Jakob）、司路加神父（Fr. Lukas Stoffel）應花蓮教區費聲遠主教（Bishop André-Jean Vérineux）之邀來到台灣傳教。至於為何會選擇台東？

正因為台東是台灣最偏遠、交通最不便、生活條件差、窮人多、語言的複雜性也最高，包括國語、台語、客語，還有六種原住民語，既沒有聖堂也沒有常駐神父。這段期間，前後有八位曾在中國大陸福傳的神父來台，他們不介意來到最落後的地方傳教，相反的，他們謙卑地融入台灣文化和原住民傳統，當地人也將他們視同親人，海岸山脈變成白冷會傳教士的第二故鄉。

白冷會以極有遠見的視野和開放的態度在台東進行福傳工作，投入大量的人力、物力，在福傳與社會工作有驚人的建樹。一九五四年，紀守常神父（Rev. Giger Alfred）也將福音傳入蘭嶼。據達悟族人回憶，紀神父在祭獻彌撒領聖體時，無論對方是否為教友，他都欣然地將白色麵餅（象徵耶穌聖體）分給他們，在他眼裡，基督是屬於眾人的。他也參加達悟族的所有祭典，甚至順應當地文化而調整原本不容更改的天主教禮儀。在台東語言的障礙亟需本地人協助，李懷仁神父（Fr. Ricklin Paul）曾記錄過這麼一段發生在四十多年前的小故事：

> 龔（岱恩）神父騎著五十CC的摩托車載我到一個海防班哨停下來，我們用手電筒開始爬山，走了差不多二十分鐘到多良，那個時候沒有電，我們只能用蠟燭舉行彌撒（拉丁文），彌撒以後，教友團體的主席用排灣族話歡迎我，劉老師翻譯成國語，龔神父再翻譯成德文，我就高興地用德文回答了，龔神父又翻譯成中文，劉老師再翻譯成排灣族話，就這樣我感覺到未來傳福音的困難。

於是，一九五八年郝道永神父（Fr. Friedrich Hort）創辦若瀚傳教學校，先後培訓出八十五位本地傳教員，結業後返回堂區服務，解決了外國傳教士傳教時的語言障礙，每位傳教士至少都會說台語、國語及至少一種原住民語言。林神父（Fr. Josef Lenherr）於一九六五年來台七個月，以民族音樂家的身分指導阿美族、排灣族、布農族人創作原住民聖歌，阿美族及排灣族也印行了自己族語的聖歌本，並幫助台灣信徒創作一部台語彌撒，其中的〈垂憐曲〉採集自一位三輪車司機所創作的曲調。貝惠德神父（Fr. Benz Titus）和聖經公會也合作翻譯了布農族聖經。一九六九年白冷會的人類學家畢少夫神父（Fr. Bischofberger Otto）在東河鄉研究阿美族宗教禮儀。一九七〇年白冷會的社會學家顧浩定神父（Fr. Grichting Wolfgang）與在鹿野堂區從事牧靈工作的葛士義神父（Fr. Gassner Igo），一同研究閩南人社會宗教信仰，出版了*The Value System in Taiwan, 1970*專書。

無私奉獻，直到生命最後

為了教育台東的窮困學子，錫質平神父於一九六〇年創辦「公東高工」，邀請瑞士和德國二十多位年輕技工駐校擔任教師，師資之優堪稱全國工職學校之最；一九六五年雷化民（Rev. Franz Leimer）神父創辦「東區職業訓練中心」，幫助許多付不出學費的原住民青年學得一技之長；又設立了「培質院」、「貞德學舍」及多所幼稚園，讓弱勢的原住民孩子得以在生活無虞的環境中學習。在社會工作方面，在各鄉鎮為農、漁民建水壩、購置機漁船、引進澳洲種羊，並在各堂區設立四十六個儲蓄互助社，鼓勵教友儲蓄以改善居民生活；成立「職工青年會」來照顧職工青年；「美滿家庭中心」以推廣健康家庭生活和親子教育等。

為了解決偏遠地區的醫療問題，一九五五年第一批聖十字架修女會的修女也來到了台東，進行鄉間巡迴醫療工作，並設立小診所。一九六一年白冷會在台東鎮興建「台東聖母醫院」，在關山開辦醫院（現為聖十字架療養院）；一九六三年在尚武和成功設立診所。還有聞名世界的吳若石神父（Fr. Eugster Josef）推廣腳底按摩健康療法，彌補了政府醫療系統的不足。

白冷會在台東的最初三年半，接受洗禮的信徒從四十五人增至五千人，慕道者超過一萬三千人，至一九六〇年止白冷會先後有二十三位神父來台東奉獻，七年中在全台東縣境建立了六十多處教堂和傳道所，不但台東各鄉村都有聖堂，還培養出全台灣第一位原住民主教曾建次主教。

曾有台東人告訴魏主安神父：「你來傳福音，很好。山地人需要，但是平地人不需要。」魏神父回答：「沒關係，慢慢地說不定你也會瞭解耶穌的福音。」

白冷會一直以扶持地方教會自立、自治為福傳目標，傳福音不只是神職人員的責任，所有教友都有責任。培養本地的聖召不是為了壯大白冷會，而是為了教區。白冷會會士不求任何回報，就是一直給、不斷地給，捐出土地、捐出教堂，甚至奉獻出他們的生命，最後埋骨台東。一九七〇年紀守常神父車禍去世，蘭嶼人哀痛不已，當地政府為紀神父降半旗致哀，尊稱他為「蘭嶼之父」；一九八二年錫質平神父在瑞士募款時被檢查出罹患腎臟癌，預估他只剩下半年的生命，他說：「死也要死在自己的故鄉台東。」他回到台東，住進聖母醫院。黃梅花護佐回憶起當年照顧錫神父的情景：「我每次要去替神父換藥時都會唱歌，神父聽到就會先坐起身來，笑著等我進來病房。有一次我心情不好，沒有唱歌，神父便主動安慰我。」錫神父死後，被迎進排灣族頭目的祖墳地，被尊稱為「錫公」。包括孔世舟、胡思博、鞏岱思、周維道、蘇德豐、池作基、史泰南，最後也都選擇以台灣為安息之地。另一些老神父則不願煩擾教區信徒而告老還鄉，他們說：「我們來，是服務當地人，不要造成當地人的負擔。」

魏主安神父說：「傳福音若沒有關心人的需要，就沒有意義。關心窮人，所以我們才需要蓋醫院，給『散者人』一個希望。」白冷會弘揚耶穌救世福音、期待建立信、望、愛家園的精神，貫穿了台東聖母醫院五十年來的發展歷程，也感召了許許多多志同道合者一起前來。

海岸山脈的瑞士人

「白冷會」全名白冷外方傳教會（Bethlehem Mission Society, SMB），始於一九二一年瑞士，「白冷」指的是耶穌誕生地白冷城（或稱伯利恆），[illegible]傳教」的意思是要到[illegible]傳教。白冷會的成員有神職人員和一般教友，在瑞士設有修院，[illegible]，通著自給自足的[illegible]括世界各地，[illegible]資金，全部[illegible]人的捐助。

一九二五年首批白冷會傳教士來到中國東北，二次大戰後國共內戰，外籍傳教士被共產黨以帝國主義之罪名相繼拘禁、勞改或驅逐出境。

一九五三年白冷會[illegible]首次來到台灣傳教，[illegible]台東？因為台東是台灣最偏遠、最落後、資源最匱乏的地方。

白冷會深入台灣文化和原住民傳統，以[illegible]的[illegible]對和開放的態度[illegible]福傳、[illegible]

2000年，[illegible]

1956年
白冷會[illegible]與台東[illegible]

1995年
白冷會[illegible]

第一位來到台東的白冷會神父[illegible]

因地制宜傳福音

在地理空間上，瑞士到台灣超過九千公里，在信仰歷史上，天主教對於當時的台東人而言幾乎是完全陌生的概念，語言不通，資源不足，再加上東西方文化的差異，白冷會會士傳教時需要克服的困難極大。

一九五四年紀守常神父（Rev. Giger Alfred）到蘭嶼，他參加達悟族的所有祭典，甚至順應當地文化調整。

一九五八年郝道永神父（Fr. Friedrich Hort）創辦聖若瀚傳教員教義研究中心，實施兩年制的研修課程，培育神父們的福傳助手，先後培訓出八十五位本地傳教員，結業後返回堂區服務，解決了外國傳教士傳教時的語言障礙，每位白冷會傳教士至少都會說台語、國語，以及至少一種原住民語言。

白冷會以愛為出發點，改善窮人生活，從不困是否受洗，而吝於幫助。

葛德神父（Rev. Ernst Gassner SMB）：「最重要的是行動！」，對於傳播福音的工作，強調的是實踐，每逢大雨、颱風，台東易發洪水，白冷會便集資為窮苦農夫引泉鑿井解民渴，築堤溪壩化良田無私的傳愛，深深打動每個人的心。

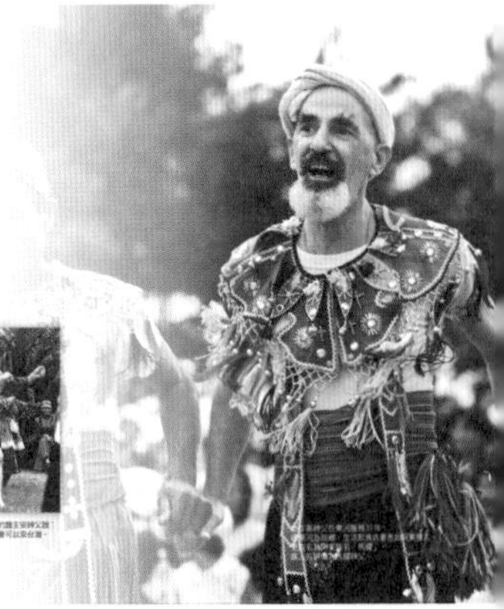

陳設在東區職訓中心「白冷會精神長廊」的海報。

為最小兄弟設立的東區職業訓練中心

貧窮的、失學的、失業的人，能有機會創造財富、學業、與事業嗎？

剛踏出國中卻無法升學的青年，能有機會學習高技術、高學識嗎？

山地青年，難道只能是個粗重的勞工？

殘障的人，是否只有被可憐、被同情的份？

「一個老板換過一個老板，沒有學得半點技術，只是個廉價童工罷了，歸去吧！就又回來了，得知東區職訓中心招生，就報名了。山地生免費膳宿，又可學技術，不需要家裡供養，一年結訓後，就可以賺錢給家裡了。」一名拿拐杖的原住民學員的一段話。

白冷會神父決定為這群身處社會邊緣的最小兄弟，提供一套最完整的照顧，幫助他們在無後顧之憂的環境下，習得一技之長，自立自強。

1966年，「東區職業訓練中心」於焉設立。不僅引進歐洲最好的設備與師資，開設機工、水電工、木工、水泥工、汽車修護等學徒班，學習期間供應膳宿。

全奉獻給台東的雷化民神父家族。

授學無學人記品第九

爾時阿難、羅睺羅，而作是念：「我等每自思惟，設得授記，不亦快乎。」即從座起，到於佛前，頭面禮足，俱白佛言：「世尊，我等於此、亦應有分，惟有如來，我等所歸。又我等為一切世間天、人、阿修羅、所見知識，阿難常為侍者，護持法藏，羅睺羅是佛之子，若佛見授阿耨多羅三藐三菩提記者，我願既滿，眾望亦足。」

——《法華經．授學無學人記品第九》

羅睺羅是佛陀未出家前的兒子，五歲時被帶入僧團，因其身分特殊，無人敢加以糾正，不良習氣漸生。佛陀知道後，決心加以教訓。

有一天，佛陀命羅睺羅端一盆水洗佛的雙腳，洗畢。佛陀問：「這些水可以喝嗎？」羅睺羅：「洗過腳的水，不乾淨，不能喝。」佛陀說：「你就和這個洗腳水一樣！水本來是清淨的，洗過腳就髒了。好比你本來是王孫，遠離世俗的榮華富貴出家做沙門。但你不精進修道，不清淨身心，不守口慎言，如同清淨的水裡有了垢穢一樣！」

羅睺羅低著頭不敢正視佛陀。佛陀要他把水拿去倒掉。回來後，佛陀再問：

「這個盆可以用來盛飯嗎？」羅睺羅：「不可以。因為盆裡不淨，上面黏著垢穢，不能裝東西吃。」佛陀說：「你和這水盆一樣，雖然出家，滿身卻充斥不實的垢穢，自甘作賤的人，只能成為低賤的用具，不能被人所重視。如果你不改正言行，就像此盆。」佛陀說後，將盆踢到遠處，再問：「我現在踢掉這個盆，你會覺得可惜嗎？」「不會，因為它只是一個粗盆。」佛陀說：「對。同樣的道理，一個人如不學好，自居下流，令人失望，別人也就不會去愛惜他。」

羅睺羅全身冒汗，慚愧得無地自容，決心痛改前非。

家人通常是人們最關心的，但因關係過於親密，以至於相處時，情緒幾乎不加掩飾，對家人的要求比對外人更加嚴苛。愛之深，責之切，還有習慣性的對待，使得家人成為最難渡化的對象。《法華經．授學無學人記品第九》，佛陀明確告訴兒子羅睺羅、侍者阿難，以及剛開始學習佛法的弟子，勉勵他們不要懈怠，精進修行，將來也會覺悟成佛。

宗教人深刻的靈性交流
——懷念維生先生

二〇一六年二月十八日，維生先生走了，享年九十一歲。接到消息時，我們正與梵蒂岡宗座宗教交談委員會主教等人結束慈濟的拜訪行程，此行是為了促成已中斷了二十多年的梵蒂岡與台灣之間的佛教與天主教論壇，這是先生的好朋友馬天賜神父當年所打下的基礎。他的弟弟李行導演說，大哥一生瀟灑，十多年前早已立好遺囑：「（過世）三天後火化，五天後海葬，海葬結束後才發訃告，告訴親戚朋友，他已經走了。」維生先生最後海葬台灣海峽，繼續守護海峽兩岸的和平。

兩岸和平談何容易？宗教交談豈是易事？發願一生推動父親的宗教志業與宗教大同的維生先生說：「宗教人最重要的就是要重然諾，加入協進會是我對馬神父的責任。」

請大家幫助我

維生先生本名李子弋，以「海峽兩岸孫子兵法第一人」著稱，為天帝教首席使者。

父親李玉階「涵靜老人」，對日抗戰期間，受天命召喚，辭官舉家赴華山，抱著退一步即死無葬身之地的決心，日夜祈禱誦誥，祈求黃河之水八年不結冰，使日軍無法渡過潼關，保全了中央政府所在地重慶。一九四六年，李玉階在上海發起「宗教徒和平建國大同盟」，呼籲國共停止爭端，和平建國。一九五一年，復刊《自立晚報》，為推動台灣言論自由之重要報刊。維生先生時任記者、總編輯等職。一九八二年，天帝教正式創立，以救劫、化延核戰浩劫，致力兩岸和平。維生先生則在淡江大學設立國際事務與戰略研究所，在緊張的兩岸關係中，建構了與中國社科院經常性的學術互動至今。

一九九四年，馬天賜神父聯合天主教、天帝教、佛教、基督教創立了宗教與和平協進會（TCRP），當時即力邀維生先生參加協進會，維生先生答應了。六年後，就在馬神父兩任理事長任期結束前，他邀請維生先生出任協進會理事長，然而那幾年天帝教面臨許多艱困的挑戰，他實在分不開身，也不願只是掛名理事長卻不做事，便婉辭了。維生先生陪同馬神父到十普寺拜訪佛教淨心長老，敦請長老出來領導協進會，後來更促成了達賴喇嘛來台訪問。再過六年，淨心長老任滿，馬神父再度邀請維生先生出任理事長，此時他當剛上天帝教首席使者，責任在身，又走不開。所幸有一貫道挺身而出，由李玉柱理事長擔當大任。

二〇〇七年，維生先生到輔大探望臥病在床的馬神父，馬神父念茲在茲還是那句話，請他出來領導協進會。不久，馬神父過世，換成李玉柱理事長來找他。這次他不再推辭，儘管當時已經高齡八十八歲了。維生先生辭去了天帝教首席使者及教內所有職務，全心全力投入宗教與和平協進會。二〇一三年五月二十日，在台北新店的天帝教掌院，正式接任協進會理事長。而此處正是當初協進會成立的地點。

維生先生回憶說：「馬神父有法國的血統，但是有一顆中國的心，尤其是有台灣本土的心，……尤其他在亞洲的宗教與和平協進會總會的活動中，為中華民國爭取到觀察員。中國大陸代表當時諷刺他：『你是外國人，怎麼干預我們中國的事務？』馬神父說：『**宗教沒有國界，宗教就是為了人類和平而奮鬥，尤其是和平。我們的會議就是為了和平而交往，我們更應該讓兩岸之間透過宗教徒的努力使得更和平，更能夠和諧。**』」

維生先生說：「我要以TCRP理事長的身分去和所有宗教團體對話，首要目標希望是落實兩岸和平！請大家幫助我！」

天主的博愛與佛陀的慈悲

正如教宗方濟各在接任新教宗後的第一次公開演講所說的：「請所有善意的男女為我祈禱。」教宗非常重視宗教交談，他尊重每個人與神的獨特關係，並試圖化解各種

民國27年，維生先生與家人攝於華山，父親李玉階頭戴自製的道士帽。

宗教紛爭，包括基督宗教。二〇一六年二月十二日，教宗與俄羅斯東正教主教基里爾（Patriarch Kirill）在古巴會面，兩人相互親吻並坐下來交談，這是基督宗教分離兩派近千年來的首度相會。

教宗諭令今年（二〇一六）是慈悲年，所以梵蒂岡特地前來拜訪有「台灣德蕾莎修女」之稱的證嚴法師。法師也特別提到五十年前跟三位修女的「宗教交談」，促成了慈濟慈悲濟世的志業。她感恩天主教團的來訪，更期待彼此能永恆地交流。她說：「天主教的博愛、慈濟的大愛合而為一，就叫『慈悲』，雖然彼此宗教名稱不同，但大家共同合作，同樣為天下苦難人付出。」

這就是宗教人對天的承諾！也是天帝教共同奮鬥的理想「宗教大同、世界大同、天人大同」。突然間，涵靜老人、維生先生、馬天賜神父、教宗、證嚴法師……這些令人尊敬的宗教人，彷彿幻化成浩瀚星空中閃閃發光的寶石，交相輝映，彼此間串聯著不可見的線索。是因陀羅天網嗎？還是馬神父所謂的「深刻的宗教交談」，在靜默中交流，在靈性上心意相通，「我在你內，你在我內」彼此深深感動。

這讓我想起一場夢。夢中法會，眾人環繞著千百桌的供品，我坐在菩薩身邊。一位小師妹開始吹笛，隨著笛音，菩薩持咒，手指則熟練地拈起碗中的米，輕彈而出，布施給無形眾生。然後菩薩告訴我一個字「俐」。她說：「這字的意思就是做事情要以『人』

為中心，要利人利己，要有智慧，要幫助別人，要親切，要……」她用閩南語一口氣講了一大串文言，夢醒時我只記得這幾句。是呀！菩薩道，不就是「俐」，自覺、覺他、覺行圓滿，愛主、愛人、尊重生命；宗教交談，不就是「俐」，隨喜功德，不張狂、不嫉妒，在每個人身上看到我們的神在等待著我們。證嚴法師說：「**天下事不是一人做的，而是大家一起共同成就的；天下事不是一時做的，而是一人接一人，一代接一代，相繼完成的。**」

生死有命，終須一別。如今維生先生和馬天賜神父在天國進行靈性交談了。我會永遠記得你們的教誨與身為宗教人的示範。生命是一場愛的接力賽，路還很長，我們一同奮鬥！天上再見。

馬天賜神父獲李玉階
頒宗教大同獎，中間
為維生先生。

天帝教誦告。

法師品第十

「藥王，譬如有人、渴乏需水，於彼高原、穿鑿求之，猶見乾土，知水尚遠，施功不已，轉見濕土，遂漸至泥，其心決定、知水必近。菩薩亦復如是，若未聞、未解、未能修習是《法華經》者，當知是人、去阿耨多羅三藐三菩提尚遠，若得聞、解、思惟、修習，必知得近阿耨多羅三藐三菩提。所以者何。一切菩薩阿耨多羅三藐三菩提，皆屬此經，此經開方便門，示真實相。是《法華經》藏，深固幽遠，無人能到，今佛教化成就菩薩、而為開示。藥王，若有菩薩聞是《法華經》，驚疑、怖畏，當知是為新發意菩薩，若聲聞人聞是經，驚疑、怖畏，當知是為增上慢者。藥王，若有善男子、善女人，如來滅後，欲為四眾說是《法華經》者，云何應說？是善男子、善女人，入如來室，著如來衣，坐如來座，爾乃應為四眾廣說斯經。如來室者，一切眾生中、大慈悲心是，如來衣者，柔和忍辱心是，如來座者，一切法空是，安住是中，然後以不懈怠心，為諸菩薩及四眾、廣說是《法華經》。……」

——《法華經．法師品第十》

「法師」是傳遞佛法的大使，在天主教稱之為神父，在基督教是牧師，在天道是點傳師，儘管各宗教的神職人員名稱不同，卻都在做著同樣的事情——傳福音，傳遞神希望告訴人類的訊息。

《法華經》以一個生動的比喻判斷法師是否得道。如有人想在高處鑿地取水，看到地是乾的，便知離水甚遠，漸至泥地，知水必近。法師倘若沒有瞭解《法華經》的深意，便無法傳遞出佛陀希望告訴人類的訊息：「人人都有佛性，都有能力達到佛的境界，救度眾生脫離苦難。」

假如你參與過不同信仰團體的宗教活動，你會發現所有團體的神職人員都在幫助眾生脫離苦海，他們都是有著廣大慈悲心、柔和忍辱心、無條件地付出不求回報、以不懈怠心傳遞神的旨意的大使。

祖先洗禮與超薦拔度

在台灣，若看到兩人結伴騎著腳踏車、穿著整齊的白衫黑褲的外國年輕人，總是笑容滿面的要認識你，跟你分享福音，那肯定是耶穌基督後期聖徒教會（摩門教）的「長老」（傳教士）。

杜維浩（Robert C. DeWitt），十九歲時以耶穌基督後期聖徒教會長老的身分來台傳教兩年。沒想到四十年後，他被奉派為美國在台協會高雄分處處長，重回台灣。他笑說：「這就是台灣人說的緣分。」

杜維浩很高很壯，臉上經常堆滿著笑容，尤其是一口流利的國語令人驚歎。記得我們第一次見面時，我問他，教會派到外地傳教的長老是不是都經過挑選？為什麼都長得很好看？杜處長大笑，說自己年輕時確實還蠻帥的。他們家住在美國猶他州，全家都是後期聖徒教會的信徒，祖先在美國建國之前即從歐洲遷徙而來，因為火車最遠只能到路易斯安那州，抵達之後，改走陸路，推著車子，一直走了三個月才抵達猶他州，而同行的親友全部死於途中。家裡的壁爐上一直擺著那張銀版沖洗出來的全家福照片。

他哽咽地說：「沒有祖先對於信仰的堅持，就不會有現在的我站在你面前說話了。」

耶穌基督後期聖徒教會非常重視家庭，每個星期一晚上一定排除萬難，全家人在家聚會，稱為「家庭日」，一起分享神恩。小朋友每天清晨五點半到教堂讀經祈禱，七點再去上學（難度之高，可想而知）。長大後若有意願傳道，便會開始籌錢，自費自願接受派任到外國服務，傳達耶穌博愛的精神。所有神職人員皆不支薪，用自己攢的錢傳教。

後期聖徒教還有一項特別的服務：為人尋根，建立家譜。從一九四〇年起，每位美國人的個人資料皆可搜尋、追溯。因為先知告訴信徒說，你得救了，也要幫助你的家族得救，為已逝的祖先洗禮，成為信徒。深藏在猶他州總部的山中倉庫，擁有全世界最完整且豐富的家族史影音資料庫，教會網路上也提供給個人查詢，而亞洲最大的資料庫便在台灣。

杜維浩很早就有到外國傳教的想法。通常自己要先存好一筆錢（大約台幣數十萬），然後向教會登記，依指示到奉派服務的地點，不得挑選。確定要到哪一個國家之後，再開始密集的語言及文化學習。一九七六年，杜長老奉派到台灣，第一站是在嘉義。怎知一到台灣就水土不服，生了一場大病，半夜突然發高燒。鄉下叫不到計程車，一位在會院服務的弟兄背著他跑到鎮上掛急診，才救回一命杜維浩回憶說：「這位弟兄姓李，個頭很小的中年人。他背著一八五公分的我，跑了好遠，沒有他就沒有現在的我。」

如今重返台灣，杜維浩第一件事便想再去找李弟兄。好不容易在過去服務的嘉義分會找到了早年的通訊錄，他依電話號碼撥了過去，心裡十分忐忑。四十年不見了，這電話號碼還有人用嗎？李弟兄還活著嗎？如果還活著，現在至少九十歲了。

電話接通。只聽到話筒裡「喂」的一聲，兩人馬上認出彼此的聲音，都哽咽了。而後兩人相約見面，相擁而泣，談起過往，憶及已逝親友，又哭了一回。臨別前，兩人一起低頭禱告，感謝天父的慈愛。

有信仰的愛有一種超越，超越了種族、語言、文字、時間、空間，甚至陰陽兩界。有人說「鬼月」、「教孝月」，民間普遍在農曆七月舉行普渡，這對於不同信仰者或許視為無稽，各自有各自的解讀。確實，死後有靈嗎？普渡有用嗎？天道學院院長洪禎甫跟我講了一個很私密的故事。

洪禎甫是讀書人，初時對於超薦拔度這些冥冥之事不甚了了。有一次，仙佛藉由沙盤鸞筆與洪禎甫過世的父親溝通。洪禎甫的母親「洪麥」，訓文中所寫的卻是「林麥」，而洪父靈體稱呼洪母卻是「洪林麥」。洪禎甫簡直不敢置信，他說母親本姓「林」，是童養媳，身分證登記的名字是「洪麥」，父親和親友也叫她「洪麥」。而這些事情洪禎甫從未告訴過任何人。

洪禎甫說：「天不能言、地不能語，藉人有形之機，應仙佛無形之靈。上天有上天的規矩，我們辦超薦拔度，有沒有渡到人，有沒有送到位，一點也騙不了人。」

如果，後期聖徒教會可以和天道或者道教交談；如果，東西方的宗教可以針對不一樣世界的共同課題進行交流……

杜維浩處長與李弟兄。

年輕時的杜維浩長老。

耶穌後期聖徒教會台北聖殿。

附文

今天的台灣絕對不是一九七六年的台灣（杜維浩處長演講稿）

今天，我以美國在台協會高雄分處杜維浩處長的身分跟你們談話，但是如果我們是在四十年前碰面，我一定是以杜長老，一位年輕又比現在帥氣的摩門教傳教士的身分與您們談話。今天的台灣絕對不是一九七六年的台灣。在台灣有太多的美好和正面的改變，很幸運的是，沒有改變的是溫暖和友善的台灣人民。當一位傳教士，我每天都親眼目睹它的發生。有我們見到的人，他們雖然對宗教不感興趣，他們仍然請我們到家裡，請我們喝東西，也很客氣的聽我們說話。在那個年代台灣是比較貧窮的，但每個家庭都會請我一杯熱茶。家境較好的家庭會叫小孩去街上買一瓶冰的黑松汽水給我喝。當時沒有美國的速食店，沒有便利商店（想像看看，台灣沒有便利商店的情景），沒有捷運，沒有高鐵，沒有家樂福，沒有好市多。汽車是非常稀少，擁有汽車的都是有錢人。在政治上也有很大的改變。那個年代台灣不是民主社會，在戒嚴時期，我們傳教士不管到哪裡都必須在二十四小時內跟當地警察登記。警察盯著我們，確保我們沒有介入政治活動。我們當然不會，因為我們的教會有嚴格的教律，禁止那樣的事情。但是儘管如此，我們仍然被監視著。相對的，過去數十年台灣的政治自由化卻是令人印象深刻的。台灣人民建構了茁壯的、繁榮的、自由又有秩序的社會，有堅固的制度值得效法和羨慕。我為台灣的成就感到驕傲，也為美國能參與台灣的成功感到驕傲。我很感動因我看到在不到一個人的一生的時間裡，台灣就做了這麼多正向的改變。

我在台灣的傳教服務，給我的人生帶來長久的影響。我在台灣第一次遇見我的太太，一位來自猶他州的年輕女孩。之後我回去美國，就讀楊百瀚大學，主修中文。我後來加入美國國務院，曾經派駐在中國的三個不同的城市。而我在台灣的時光，讓我與這個島嶼有了深遠的連結，也成就真正的我。在我的人生裡，我不需隱藏或改變我的信仰來讓事情進行，或是與人接觸。我個人很尊敬也羨慕台灣對宗教自由的承諾。但是，並非每個人都和在座的我們一樣受到祝福。

宗教的核心是一種意義的追尋，一種比自己更遠大的事情的追尋。它是一個目標，是一種生活方式。每個人都擁有一個機會去和平地追尋這個意義，即便他的過程和你我的不同。我可以告訴你們，我個人在摩門教會的追尋，讓我得到力量和靈感，而讓我成為更好的人。我期待經由這過程，我得以有小小的貢獻，讓這個世界成為更好的地方。

但是這世界上有一些政府和法條，剝奪這機會。根據皮尤宗教與公共生活論壇研究，七五%的世界人口，居住在宗教自由嚴重受限制的國家。有很多的弱勢族群面臨迫害、恐嚇和騷擾。甚至有以宗教之名進行屠殺、奴役和破壞。別弄錯，這不是宗教，那些是不應該容許在我們社會發生的犯罪行為。你和我不一樣，但不能讓我們變成敵人。何況它賦予我們很多可以彼此分享的東西。

因此，與其專注於那些想以敗壞宗教而圖利個人的人，不如專注於貢獻。宗教能每天建構和平，預防種族滅絕、促進人權，和幫助人們免於飢餓、愚昧和疾病。今天你們聚集在此聽一位美國摩門教徒，我是接受一位在天主教醫院工作的台灣佛教徒的邀請。雖然我們彼此不一樣，但我們因共同的目標而結合，也相信多種信仰的對話能帶來解答，而不是更多問題。我們必須一起防衛和保護宗教的自由，這是很明確的。的確，在美國也經過多個世代才讓所有美國人充分參與宗教自由，而這也明確記載在美國的憲法裡。以我的教會為例，在它成立的十九世紀早期，也面臨迫害、屠殺、攻擊、破壞或沒收財產。這確實經過多年美國政府、社會及教會本身的努力，才達到今天這個地步。

台灣長久以來，就是美國在保護宗教自由的堅定夥伴，這不只是因宗教自由明文記載在我們各自的憲法裡，我們都自許為活耀的多元宗教社會。雖然仍有進步的空間，我很自信的說，因為接受不同的信仰、宗教和教義，台灣和美國能確保更和平，更繁榮的未來。

最近美國國務卿約翰．凱利提醒我們：「宗教自由是美國價值的絕對核心，而且是美國外交政策一個重要的部分。」這意味著不單單只是容忍他人的信仰，我們必須尊重他人的信仰，及確保他們行使信仰的法律權利。我們不能脅迫那些和我們採取不同信仰的人，也不能將他們當作二等公民對待。事實證明宗教歧視不僅是壞的政策，也是世界衝突的一個來源。藉著美國國際宗教自由委員會的協助，和美國宗教自由無任所新大使大衛．薩柏斯坦，美國承諾：「主張思想及信仰的自由；安全的選擇和實踐的權利終止反褻瀆和叛教的法律；移除宗教歧視和邊緣化；審查和監督全球的宗教自由；促進跨國家，區域和國際疆界的宗教自由。」同時，像你們一樣從事民間社會和宗教團體來形塑更明智的政策，讓極端的聲音無法合法化。

今天，我懇請你們和我一起加入這個使命。你們的對話及本次會議的討論可以打破不明；揭秘不透明，讓我們看到，雖然我們可能會有所不同，但是這些差異可以使我們更強大。

當我來台灣時，我學到的遠比我能教的多許多。台灣民眾讓我如此受益的原因是他們的善良和接納。我認識了佛教、道教、孔子學說，以及許多基督教的門派。我認識了中國傳統文化和民俗宗教。我學習到尊重誠實的宗教信仰，即使他們的信仰和我有所不同。每個人，無論他們的信仰是什麼，都值得我們尊重和自由行使他們的信仰。

最後，我想引用大衛．薩柏斯坦大使一段強有力的話來和大家分享：「對每一塊土地進行宗教壓迫而使人們生活在恐懼中，不敢說出自己的信仰；對那些在地下教堂，清

我與杜維浩伉儷合影於美國國慶酒會。

杜維浩處長在開幕中致辭。

真寺或是廟宇膜拜，以免被當局發現和受懲罰，只因他們獻身於比國家更高的權威；對那些在監獄中遭受痛苦，僅僅是因為他們按自己的方式愛上帝；對那些懷疑上帝的存在；那些感到絕望，以致逃離家園，避免被迫害。確實，正如我們經常看到的，只因為他們的信仰而被殺害，對所有這些人，我和在座的你們每一位、美國國務院、政府和國會，將竭盡我們國家所能，可以成為、必能成為、也將要成為光明和希望的燈塔。」

我希望我們一起努力成為全球的希望和光明的燈塔，同時給我們世界帶來更多和平。謝謝大家。

見寶塔品第十一

爾時釋迦牟尼佛、見所分身佛悉已來集，各各坐於師子之座，皆聞諸佛與欲同開寶塔。即從座起，住虛空中。一切四眾，起立、合掌，一心觀佛。於是釋迦牟尼佛、以右指開七寶塔戶，出大音聲，如卻關鑰、開大城門。即時一切眾會，皆見多寶如來、於寶塔中坐師子座，全身不散，如入禪定。又聞其言：「善哉善哉，釋迦牟尼佛、快說是《法華經》，我為聽是經故、而來至此。」爾時四眾等、見過去無量千萬億劫滅度佛說如是言，歎未曾有，以天寶華聚、散多寶佛及釋迦牟尼佛上。

爾時多寶佛、於寶塔中、分半座與釋迦牟尼佛，而作是言：「釋迦牟尼佛、可就此座。」即時釋迦牟尼佛入其塔中，坐其半座，結跏趺坐。爾時、大眾見二如來在七寶塔中師子座上、結跏趺坐，各作是念：「佛座高遠，惟願如來以神通力，令我等輩、俱處虛空。」即時釋迦牟尼佛、以神通力，接諸大眾、皆在虛空。以大音聲、普告四眾：「誰能於此娑婆國土、廣說《妙法華經》，今正是時。如來不久當入涅槃，佛欲以此《妙法華經》、付囑有在。」

——《法華經．見寶塔品第十一》

印度神話中，因陀羅宮殿的天上有一張如絲綢般質地的網，網上的每個交會處都結著一顆光彩奪目的寶石，每顆寶石彼此顯映著其他寶石的影像，忽隱忽顯，相互關連，稱之為「因陀羅天網」。

《法華經．見寶塔品第十一》，當佛陀說法時，另一個時空的另一位覺悟者（多寶佛）翩然而至前來聽法。佛與佛超越時空，相互輝映，前所未有。

《法華經》描述的場景很像外星人搭乘巨型太空船降臨地球，呵呵，佛陀和多寶佛彷彿是有著高度科技文明的外星人，其所作所為，對於粗淺的地球人來說當然是不可思議的「神蹟」。至於《聖經》中對於耶穌行神蹟的記載：行走在水面、使失明的人重新看見、使麻瘋病人痊癒、五餅二魚餵養全村的人等，若以二十一世紀的科技來看，好像也可以有合理的解釋。那麼說，耶穌也是外星人嗎？

不過，這不是重點。重點是「心靈文明」在這兩千年以來似乎沒有太大的進步，人們還是不斷向佛陀和耶穌問問題、找答案。尤其當人們因為信仰不同而爭論不休時，天上諸神會是如何看待呢？

博士級的宗教交談

二〇〇九年，八十六歲的單國璽樞機主教與七十四歲的達賴喇嘛因八八風災，在台灣有一場跨世紀的宗教對話。上台前，兩人相互禮讓，達賴扶著比他年長一輪的單樞機一起上台。看著他們之間的互動與對談內容，我的心中升起無限的感動。曾經，他們的手都牽過我的手，給我莫大的鼓勵。

四年前，我到印度拍攝佛陀記錄片，意外地被帶往藏印邊境、臨近喜馬拉雅山的達蘭薩拉，參加達賴喇嘛七十大壽的長壽法會。因須貼身採訪，我被安排在達賴的身邊，現場有來自世界各地的佛教信徒齊聚於此為達賴慶生。當天戶外接近零度，達賴露出右邊臂膀，不停地唸經。我像戀慕愛人似地一直看著達賴，他真的好可愛呀！印象最深的是他一坐就是五個鐘頭，沒有起身過，也不用上廁所。忽然，達賴打了個噴嚏，他從袍子裡拿了張衛生紙擤鼻涕。我開始好奇他那張衛生紙要丟哪裡？只見達賴隨手放進袍子裡，很自在地笑了笑。我也笑了。修行其實沒有那麼複雜，反而是我們想太多。

法會進行到一半，達賴突然停止唸經，他哭了，他感謝大家為他祈福，但他認為自己的壽命短長並不重要，現在世界上最需要的是「慈悲」，他願意為大家講講觀世音菩薩的慈悲。在他殷殷帶領下，我感受到廣闊如海的平和。法會結束，達賴在眾人簇擁下離開，很奇妙的，他繞到我的面前，伸手握我住的手，並說了一句話。我好感動，我知道了。（當天，朋友們都搶過來要握我的手，說要沾達賴的福氣。）

回國後，我到台東聖母醫院服務，在心靈花園遇見單國璽樞機，他親切地與我握手，沒有一點大人物的架子（通常大人物的陣仗都很大）。不久，他罹患癌症末期，他喜樂以對，做出極佳的示範。我在安寧傳愛活動再次遇見樞機，雖然他需要旁人攙扶，但仍親切地與我握手。後來我才知道他因為化療，皮膚容易裂傷流血，醫生千萬交代不可以和他人握手。但是他還是繼續和人握手。達賴與單樞機都有療癒的力量。

單樞機與佛光山的星雲大師也是超過四十年的好朋友，一九九五年，兩人合力促成了佛教與天主教的國際會議。二〇〇六年，天主教輔仁大學頒授星雲大師榮譽法學博士；二〇一〇年，佛光大學也頒授單國璽樞機主教榮譽文學博士。兩位宗教界的大師以實際行動證明宗教是開放的，且不吝為對方的成就鼓掌。

單樞機笑說他比星雲虛長四歲，所以他叫星雲「大師小弟」。「要瞭解生命來源與意義，不能不談到宗教問題，雖然各宗教信仰不同，但都同樣在尋求更美好的生命。」單國璽說，他與大師都是生於戰亂，經歷動盪，雖然不同宗教，卻是多年老友。他還和大師一同許下「十年之約」，約定十年後還要繼續坐在這個講台對談。單國璽說：「自

星雲大師與單國璽樞機主教。

1976年，時任經國先生行政院院長拜訪佛光山，留下此歷史一瞬的照片。

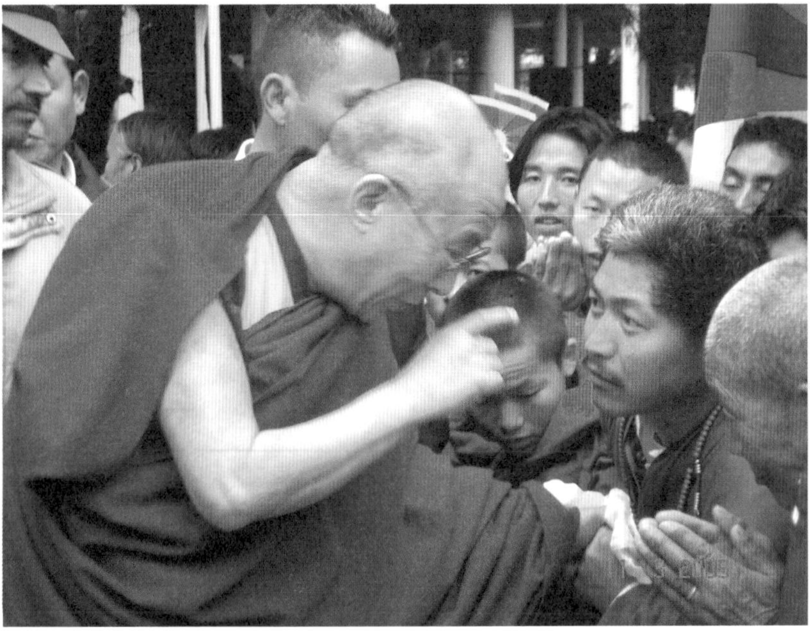

微笑，是人們對達賴喇嘛最深刻的印象。

己只能盡人事、聽天命，其他的都交給上帝，因為宗教就是我的人生，上帝願意給多少，我就奉獻多久。」去年農曆除夕，兩人一起在佛光山圍爐守夜，只有他們兩人。星雲提議隔天去單樞機家裡拜年，沒想到單樞機馬上拒絕了。星雲大師笑說，單樞機說農曆年大家都放假了，如果我去了沒有人泡茶招待我。哈！只見單樞機在一旁也笑得很燦爛。

星雲大師妙喻說：「要知道佛陀和天主怎麼相處，看我和樞機主教就能瞭解。」

我看著他們兩個老人家互相頂禮，手牽著手，好是感動。博士級的宗教交談不用談什麼大道理，以心交心，很生活，很簡單。感謝這些長者們的亮光，加深我們對生命認識的深度。原來，我們和這些璀璨的寶石這麼接近！

提婆達多品第十二

時舍利弗語龍女言：「汝謂不久得無上道，是事難信。所以者何？女身垢穢，非是法器，云何能得無上菩提。佛道懸曠，經無量劫、勤苦積行，具修諸度，然後乃成。又女人身，猶有五障：一者、不得作梵天王，二者、帝釋，三者、魔王，四者、轉輪聖王，五者、佛身，云何女身速得成佛？」

爾時龍女有一寶珠，價值三千大千世界，持以上佛。佛即受之。龍女謂智積菩薩、尊者舍利弗言：「我獻寶珠，世尊納受，是事疾否？」答言：「甚疾。」女言：「以汝神力、觀我成佛，復速於此。」當時眾會，皆見龍女、忽然之間、變成男子，具菩薩行，即往南方無垢世界，坐寶蓮華，成等正覺，三十二相、八十種好，普為十方一切眾生、演說妙法。

爾時娑婆世界、菩薩、聲聞、天龍八部、人與非人，皆遙見彼龍女成佛，普為時會人天說法，心大歡喜，悉遙敬禮。無量眾生、聞法解悟，得不退轉，無量眾生、得受道記，無垢世界、六反震動，娑婆世界、三千眾生住不退地、三千眾生發菩提心而得受記。智積菩薩及舍利弗，一切眾會默然信受。

——《法華經・提婆達多品第十二》

《法華經．提婆達多品第十二》有兩個很特別的主題：一、惡人成佛。二、龍女成佛。提婆達多是佛陀的堂兄弟，貪圖權力供養而跟隨佛陀學習。佛陀晚年，提婆達多希望成為教團的新領導人，逼佛陀退位，但遭拒絕，提婆達多利欲薰心，竟屢次陷害佛陀、破壞僧團，最後自食惡果，中毒火噬而亡。

提婆達多生前被視為極惡之人，然而，佛陀卻感謝提婆達多在前世教導他學習《法華經》，今日才得以成就佛果。佛陀並預言提婆達多未來亦能覺悟成佛。佛陀此說，打破人們對於善惡、好壞、對錯的執著，用更深的覺知與慈悲加以取代。仇恨是病毒。電影《基督的最後誘惑》（*The Last Temptation*）中，耶穌知道猶大即將出賣自己，耶穌對猶大說「天主對我的安排比較簡單，我只要上十字架，而出賣人子的人卻要背負永世的惡名」。此時的耶穌對猶大展現了無比的慈悲。

印度聖雄甘地為了對抗英國殖民政策，他抗爭，但堅持非暴力及不合作方式，試圖喚醒印度人的自覺。他說：「試著想想，你是為了改變事物而戰，還是為了懲罰而戰？我個人認為人類都是罪人，懲罰的事應該交給上帝。如果我們想改變事物，應該有比殺人更好的方法。」

英國人恐嚇他、打他、關他，甘地毫不抵抗，全然接受。但民眾為了聲援甘地，與英國軍警產生嚴重的武裝衝突，死傷慘重。甘地卻以絕食請求印度民眾不要以暴力傷害任何英國軍警。最後，甘地和平地促成了印度獨立。但印度獨立後，國內的印度教與伊斯蘭教卻為了政權而爆發內戰，甘地再度絕食，祈求印度民眾拋棄成見，放下武器，否則他寧可餓死。

有一位印度教徒來到甘地床前，拋下一塊麵餅，要甘地吃。

「吃吧！我快下地獄了，可是不想擔負殺你的罪名。」他說。

「只有神能決定誰會下地獄。」甘地回答。

「我殺死一個小孩，抓住她的頭往牆上撞碎了。」

「為什麼？」

「他們殺了我的小孩。」那人比著小孩子的身高，痛苦地說：「穆斯林殺了我的兒子。」

甘地回答說：「我知道一個不會下地獄的方法，去找一個小孩，一個父母都被殺死的孩子，大概和你孩子一樣高，把他當成你的孩子扶養，只是，一定要確定他是一個穆斯林。」那印度人簡直難以置信。甘地繼續說：「而且要把他教養成穆斯林。」

那人哭了，跪倒在甘地的床前。

甘地輕撫著他的頭髮說：「回去吧！願神保佑你。」

《提婆達多品》的另一個主題是「龍女成佛」。文殊菩薩說學習《法華經》可以像這位出現於海上的八歲龍女，快速成佛（宗教交談，可以加快心靈覺醒的腳步）。當時人們普遍認為女身汙穢，不可能成佛，除非先變成男兒身。沒想到小龍女瞬間變成男兒身，瞬間成佛。

說穿了，一點都不複雜。如同在電腦格鬥遊戲中的角色扮演，你選擇了「快打旋風」春麗，以這位女性角色打通關，贏得勝利。春麗有原始設定的優缺點，但操作者還是你。你的靈魂，以你現在的肉身，在這個世界生活著、學習著、修行著。

修行，確實沒有男女之別。

兩個女人合力在做美麗的事

二〇一二年初，美商奧羅瑞公司（Aurora Imaging Technology）總裁奧利維亞（Olivia）打電話給聖母醫院副院長陳良娟，說想來台東放個假，也想知道良娟為什麼會離開台北，到台東在做什麼。她倆是十多年前一起做乳癌防治時認識的，儘管久未聯絡，但是革命的感情依舊。良娟帶著奧利維亞在台東四處走走，兩人聊了很多，包括台東的單純美好以及偏遠地區的醫療困境，好山好水的台東竟是全國壽命最短的地區，尤其是乳癌。因為篩檢不普及，通常一發現都是末期了，所以死亡率極高，教區近年也因乳癌折損了三位修女。良娟說：「她們走得這麼快，真讓人心疼。早期發現，乳癌的治癒率是很高的呀。」

奧利維亞說兩個月前，她在公司例行性的健康檢查發現罹患乳癌，因為腫瘤很小，還好有乳房磁振造影（BMRI）篩檢才看得出來。經過完整的治療及預後調養，奧利維亞的感觸很深，她說：「我很感謝，上天讓我體會到自己的幸運。」奧利維亞表示她也想為台東做點事，她們公司有一款移動式的乳房專用磁振造影行動車，看來很適合醫療資源不均衡的台東，她會回去想辦法。

ＢＭＲＩ是乳房篩檢的最新科技，準確度可高達九八％，而且不會有乳房攝影時的輻射線傷害。台灣目前只有三家醫院擁有此設備，都安裝在院內，通常是用來幫助確診才使用，健保沒有給付，自費價格亦高，預約至少要排隊兩個月以上。這樣昂貴的設備在台東，良娟想都不敢想。

沒多久，奧利維亞來電，她說公司同意將兩百萬美金的乳房專用磁振造影行動車，以半價賣給聖母醫院，其中一百萬由他們支付，聖母醫院只要出剩下的一半及每年台幣四百萬的維修費即可。

良娟心中苦笑，這筆錢醫院還是出不起呀。又過了幾天，兩人相約在台北見面。奧利維亞告訴良娟，救人的事情如此迫切，為什麼要等湊到了錢才做？她說剩下的一百萬她會想辦法去籌募，今天她連醫師都找來了，只要聖母醫院答應，這套ＢＭＲＩ設備馬上可以給。

良娟笑說，別人是要出大錢才能使用到這麼昂貴的設備，聖母醫院卻把它拿來當篩檢工具，而且還是免費的，你會害我被其他醫院的人罵死。良娟也自問：「我們值得這麼好的對待嗎？」確實，這樣的設備來台東勢必可以減少許多悲劇的發生，但想到聖母醫院現有醫護人力，以及未來執行時將面對的種種困難，良娟決定婉拒這份大禮。她告訴奧利維亞：「這禮物太大，我們承受不起。你不要送我們，送給其他醫院一樣可以做好事呀。」沒想到奧利維亞回覆得更快：「我就是要指定送給你，因為我相信你。如果你不要，我也不送了。」

現場一陣沉默，都不知道該再說些什麼。只見良娟突然轉頭，左顧右盼彷彿在找什麼。她楞了一下，隨即改口答應：「好！那就是我們吧！」從拒絕到接受，前後不到五秒鐘，大家一頭霧水。良娟笑著解釋：「剛剛我才拒絕，後腦勺就被噹了一下，有個聲音告訴我說：『天主選擇我，我沒有拒絕的權利。』」

克服了關稅、運輸、空間等種種困難，這輛乳房磁振造影篩檢車總算在二〇一三年六月送抵台灣，這是全亞洲第一輛原裝進口的BMRI行動車，聖母醫院也正式成立了「乳腺健康中心」，從篩檢、轉介治療、預後復建、心理、營養，到病友支持團體等，照顧乳腺健康的每個環節。未來BMRI的篩檢範圍將擴及乳癌死亡率最高的花蓮、台東兩地，三年內完成全面性的高危險群篩檢，期待可大大降低乳癌死亡率。這將是有史以來世界上第一次最大規模運用BMRI的乳房篩檢計畫，未來還有哈佛大學團隊將投入整個研究計畫。慨然答應來聖母醫院擔任乳腺健康中心主任的黃醫師說：「我看到兩個女人合力在做美麗的事，我被她們感動了。」

後記

二〇一二年，台東聖母醫院推出乳癌防治公益專案之前，台東的乳癌死亡率是全台灣第一名。二〇一五年降至第十名。四千名婦女接受乳房專用磁振造影篩檢，發現八十三位乳癌病友；二二九四例符合無症狀標準下接受篩檢，發現四十五位乳癌病友，此篩查腫瘤檢出率約為千分之十九．六，是全台乳房攝影篩檢腫瘤檢出率千分之四．七的四．一七倍。而這些檢出乳癌的婦女有三一．一％是原位癌。二〇一七年，台東在全台灣二十二個縣市中乳癌死亡率已降為第十八名。

磁振造影行動車啟用典禮。

B 高雄屏東台東|運動

聯合報

生活周報搶先聽！

乳房磁振造影行動車 6月運抵台東

美國奧羅瑞公司捐贈 要價6千多萬元 聖母醫院計畫3年內 完成花東高危險婦女免費篩檢

磁振造影行動車剪報。

勸持品第十三

爾時，藥王菩薩摩訶薩、及大樂說菩薩摩訶薩、與二萬菩薩眷屬俱，皆於佛前、作是誓言：「惟願世尊不以為慮，我等於佛滅後，當奉持、讀誦、說此經典。後惡世眾生，善根轉少，多增上慢，貪利供養，增不善根，遠離解脫。雖難可教化，我等當起大忍力讀誦此經，持說、書寫、種種供養、不惜身命。」

爾時，眾中五百阿羅漢得受記者、白佛言：「世尊，我等亦自誓願，於異國土、廣說此經。」復有學無學八千人、得受記者，從座而起，合掌向佛、作是誓言：「世尊，我等亦當於他國土、廣說此經。所以者何。是娑婆國中、人多弊惡，懷增上慢，功德淺薄、瞋濁、諂曲，心不實故。」

——《法華經．勸持品第十三》

〈勸持品第十三〉中，佛陀預言養育他長大的姨母波闍波提和出家前的妻子耶輸陀羅將來也會成佛，所有與會的菩薩誓願為眾生宣揚《法華經》。

出家，看似捨離家庭，其實包含了好大的愛。尚未成佛的悉達多王子拋家棄子跑去修行，若以現代觀點來看，當時的他可不是什麼好王子、好兒子、好爸爸，也不是好丈夫，應該會被網路酸民批評是一個沒有責任感、不忠不孝不義的渣男。最美的是，佛陀悟道後，渡化了眾生，渡化了家人，圓滿了人生。「圓滿」二字說來輕鬆，若從悉達多妻子耶輸陀羅的角度來看，應該是苦不堪言吧。她的夫婿只想修道，並不愛她，好不容易盼到孩子出生，卻被視為障礙（羅睺羅），迫使悉達多急著離家出走，留下她獨自扶養孩子長大。十二年後，悟道的佛陀重返釋迦國，不是一家人重續天倫，而是把孩子帶走出家。兩年後，耶輸陀羅和姨母波闍波提一起跟隨佛陀出家。

要成佛，須禁得起內在、外在和時間的考驗。在愛裡修行，更是考驗。家庭很重要，尤其是婚姻。怎樣才算圓滿？

友人請我當他們的「證婚人」。婚禮前一晚我作了兩個一模一樣的夢，我猜想這應該是上天要送給新人的禮物吧，這個夢我稱它為「愛的慢跑鞋」。

夢中，我和這對新人都是雲端的小天使。大天使加百列告訴我們要下凡到人間學習，但在人間一定要記得穿鞋子。忽然間，每位天使面前幻化出鞋子，有人一雙，有人一隻，鞋子的形狀看起來像橄欖球，鞋身兩側有鞋帶孔，需要綁鞋帶，這鞋子可任意變大縮小，大的時候可以容納整個人，縮小時又像一般球鞋合腳。

加百列開始向我們解說鞋子的意義，他說天使的天性不食人間煙火，個性理想化，所以在人間要穿上鞋子才能腳踏實地。鞋帶象徵人與人之間的關係（緣分），每個鞋帶孔代表著一種需要學習的德行，修得好，人生的旅途就會開放好走。加百列每講述一個德行，我們就跟著將鞋帶一一穿入鞋孔中。

加百列說：「學習過程難免有挫折，所以要忍耐。為人要慈悲，要懂得時時感謝。要謙虛、要誠實、凡事要為大我著想不可自私、不要輕易發怒、要包容、要相信、要時時懷抱希望……」

我這才發現，原來天使在人間要學習的就是「愛的真諦」。

加百列繼續說：「婚姻是兩個人向天上人間許下承諾願意一同修行，就像一個人有兩隻腳，穿著各自的慢跑鞋，若夫妻同行相互提攜，可以快速成長。切莫一前一後，否則彼此牽絆，反而阻礙修行。修行圓滿，即是全人，體會真理，愛將永不止息。」

婚禮當天，陽明山出現兩道彩虹，彩虹的另一端就落在舉行婚禮開滿櫻花的樹前，彷彿上天也在為我們祝福。

聖婚祝福與純愛運動

新興宗教總是面對傳統宗教的質疑，其實，所有宗教的開始不都如此？我曾去拜訪某大佛教團體，邀請他們一起參與宗教交流的活動。法師表示非常願意，但很客氣的說若有統一教列名其中，他們就不會參加。我問為什麼？法師說他必須對信徒交代。我便不再追問了，這表示僧團對於統一教早有定見。我只是好奇，他們是否親身接觸過統一教？認識統一教的教友嗎？還是僅以媒體報導的印象作判斷？

認識統一教及創辦人

去年，我去泰國參加統一教亞太地區世界和平青年學生聯合會成立大會，泰國政府由教育部長親自帶領上萬名年輕人全程參與。事實上，統一教曾被以佛教為國教的泰國禁教超過二十一年，如今統一教所提倡「純愛運動」卻能獲得政府大力支持，在泰國有超過五十多個省分、上萬對夫妻接受跨國配對的「祝福典禮」。這表示統一教所堅持的信念禁得起考驗，當然還包括飽受爭議的統一教創辦人——文鮮明牧師。

到底文牧師有什麼人格特質，竟然能吸引上百萬信徒捨命跟隨，甚至無條件的接受指定婚姻？他如何能在美國首都華盛頓紀念碑前演講，吸引了三十萬名聽眾，同年還被《美國新聞週刊》選為年度風雲人物？我們也無從得知蘇聯共產主義的解體，文牧師扮演了怎樣的角色？也不知道南北韓的和平會談，是否是因為文牧師的居中串聯而奠定了契機？甚至韓國這些年呈現出來的國力與自信，是否和統一教有關？總之，這一趟統一教聖地的參訪，讓我更加深入認識統一教，也更認識文牧師。

撫慰悲傷的神

文鮮明牧師，一九二〇年生於北韓，當時韓國被日本所占據，面對戰亂、飢貧以及殘酷世界的種種疑惑，沒有人可以給他答案，他只能徹夜禱告。直到十六歲那年的復活節，他親眼目睹耶穌，並獲得啟示：「要去拯救苦難中的世人，撫慰悲傷的神。」他領悟了「神人之關係、父子之因緣」，生命從此改變。

二十六歲，他開始在平壤教導《羅馬書》、《默示錄》，吸引了許多大學教授與學生的跟隨，但也遭受許多惡意批評。宣講和平的人被暴力相待，終身反對共產主義卻被視同共產黨的同路人，而遭逮捕入獄，甚至有基督教牧師要求會眾祈禱他早一點死亡。

文牧師說：「要瞭解一個人，就要與之相處，那些未曾見過面就口無遮攔、放肆造謠的人，理會他們是沒有用的。」他選擇沉默與忍耐。

文牧師前後在不同國家坐過六次牢，但他堅信世界總有一天會瞭解他。可是他的家人卻要忍受外界異樣的眼光。文牧師的母親曾到獄中探望他，他卻把母親好不容易才帶進來的食糧和衣服送給其他獄友，母親大哭。文牧師說：「我是世界之子與天地之子，我必須先愛這一切，然後才能順從母親……您是孩兒的母親，您的舉動要配得上您的兒子！」他也告訴妻子韓鶴子：「我們之所以建立夫妻姻緣，是為了完成神所賦予的使命，成為『真父母』，不像一般人是為了追求男女個人之間的幸福。……你將會經歷很多讓你無法忍受的事情。」韓鶴子說：「請不要擔心，我已有此覺悟。」兩人經過七年的磨合，才達到雙方互信，達成合一。

以信仰為基礎所結合的婚姻，統一教稱之為「聖婚祝福」。文牧師為不曾見面過的異國男女配對婚姻，到底是亂點鴛鴦譜？還是另有深意？

難道我要還俗？

清平是統一教的發源地，依山傍水、風光明媚，環境宛如日月潭，卻沒有塵勞喧囂，每年有來自世界各地超過二十萬人造訪。建築依山興建，有博物館、醫院、學校、青少年活動中心，還有可容納兩萬五千人的體育館（試想台北小巨蛋），未來還要建設國際會議廳與五星級飯店。統一教非常著重教育與傳統文化的維護，在世界五大洲每年投入一百億韓幣教育基金，給教育機構及提供跨宗教獎學金，鮮文大學與四十二國有學生交流（在韓國三八〇間大學中是最多的），希望超越美國哈佛大學。校長尹煐鎬博士很有自信的說：「不要看我們做了什麼，而是看我們想要做什麼。」所有的一切都是為了促進世界和平。

此行最重要的安排是與文牧師的妻子「真母親」韓鶴子夫人見面。韓夫人非常端莊，但說話很直接，她自稱是「神的獨生女」，並對現場穿著袈裟的佛教法師說：「要組織家庭，才能進入天堂。」只見法師們一臉尷尬。同行的黃敏正神父笑著對我說：「難道我要還俗才能上天堂嗎？」一位香港來的比丘尼微笑地道出她的心裡話：「這就是緣分，其實不相妨礙的。你去你的天堂，我去我的阿彌陀佛淨土。」

韓夫人為什麼說她是「神的獨生女」？如果韓夫人是「真母親」，難道我們的親生母親是假的嗎？沒有經過戀愛交往的指配婚姻怎麼能確保幸福呢？天堂何在？末世為何？文牧師難道是默西亞？種種疑問，我們一直延續到參觀鮮文大學、鮮鶴天宙和平神學院，才有機會討論。畢竟文字本身就是一種限制，一不小心就會產生誤解。統一教有他們的邏輯，其他宗教也有各自解讀。

我曾經參加過一場討論「原罪」的研討會，與會的神父、長老、牧師都是基督徒，讀同一部《聖經》，但對「原罪」的解讀卻是南轅北轍，更何況不同信仰。韓夫人是「神的獨生女」？事實上每個人都是獨一無二的，佛陀說「天上天下，唯我獨尊」，每個人當然都是神的「獨生子」、「獨生女」。而所謂的真父母，這個「真」，也不是真假的意思，而是指以神為中心，能體現神的真愛的父母親。換句話說，每個家庭也可以實現「真家庭」。統一教認為的世界末日，並非世界毀滅，而是一個轉換點，從撒旦的國度轉換到神的國度，是神的國度的開始。那麼文牧師是默西亞嗎？教友們告訴我，每個人都是默西亞，神的國度的建立要從家庭開始做起，父母親必須先做「家族的默西亞」。

絕不離婚的國際婚姻

愛，一點也不簡單！你願意為愛奉獻多少？

佛教說「無我」，基督宗教說「為他人而活」，統一教的信徒把自己完全奉獻出去，為了建立神的國度而無條件接受安排組織家庭。文牧師認為要實現一個理想的和平世界，沒有比國際婚姻更快更好的方法，只要跨過兩三代，奇蹟很快就能實現。

全球和平聯盟台灣總會秘書長蔡美賢分享了自己參加祝福婚姻的過程。他在一九八八年加入新加坡統一教會，規定要入教三年以上，確定瞭解統一教義，才可以申請國際祝福，之後等待配對。文牧師會依其「靈感」加以配對，美賢的對象是台灣教友范秀汝。接下來，兩人被安排在韓國第一次見面。美賢說：「我心裡已經預備好了，未來的妻子不管黑的、白的、胖的、瘦的，我都接受。」兩人再經過三年「聖別期」的相處，將另一半視為母親或姊妹對待，甚至當作神來愛，不可以有男女間的親密關係。美賢說：「在這個階段，最理想的狀態是沒有羅曼蒂克，我們是為了建立神聖家庭為目的。」

一九九二年，他們與來自全世界的三萬對新人，一起參加了在首爾舉行的祝福婚禮。

文牧師在婚禮上要求新婚夫婦彼此承諾絕不離婚。「第一、夫婦之間要互相信賴、相親相愛。第二、不給對方心理造成任何傷害。第三、教導第二代、第三代的孩子保持純潔。第四、為了建立真正的理想家庭，所有家庭成員要互相激勵、互相協助；保持婚前純潔、婚後忠貞。」

文牧師講的這些男女相處的道理都是對的呀。以信仰為基礎，即使有爭吵也要在神的面前和好。結婚，是學習的開始，學習彼此相愛、和平相處。彼此負起責任為對方而活，直到自己利己之心完全消失為止，那種奉獻的心情才是真愛。而且要給子女愛的家庭，要讓子女足以說出「一生中從未見過父母吵架」。家人之間早晚皆行跪拜大禮，是儒教傳統。統一教形式看似基督宗教，內在修練更像是佛教，宗教與文化之間原本的歧異在無形中交融。

如今，全世界各地接受神聖婚姻的夫妻，已經超過百萬人了，我們可以預見因著家庭信仰的良好奠基，統一教的未來必然愈趨強大。

小天使舞出一條羊腸小徑

我們來到在文牧師最早講道理的青坡洞教會，它不是一棟宏偉的建築，而是歷史的見證。一樓的房間並不大，當時曾擠進一百多人，而這塊一九五四年留下至今的黑板，文牧師曾經汗淚交織，不間斷地講了二十三小時的道理。他說：「我們是分開了六千年的弟兄姊妹。」黃周燁會長在致詞時依然激動，他是在一九六八年開始每天跑來聽道理，當時的傳道師吃的是學生所帶來的口糧，當然，學生就要為此挨餓。傳道師想到這樣，往往還來不及下嚥，就先流淚了。在如此艱辛的環境中一邊教學，一邊傳授，統一教會逐漸成長。

世人都認為，是政治在支配、改變著世界。文牧師卻說：「改變世界的是文化、是藝術。打動人們心靈的不是理性，而是感性。」他在一九六二年選拔了十七名兒童，創辦「小天使藝術表演團」。而當時的韓國戰後百廢待興，人們每天為了果腹而疲於奔命，如何去製作節目，讓人欣賞？

過去被譏笑是「貧窮教會」的統一教，於二〇一三年韓戰六十週年紀念時，提供了一百萬美金，讓小天使到幫助韓戰的十六個國家公演。當小天使以無邪的笑容、優雅華麗的韓國民族舞姿演出後，留在世人心中的韓國是個有文化與傳統的國度。一九八八年，小天使更成為南韓第一個純藝術訪問平壤的民間團體。北韓觀眾從頭到尾都是熱淚盈眶，北韓亞太和平委員會委員長說：「小天使們在深山中舞出一條羊腸小徑。」文牧師所做的一切都是為了世界和平，有趣的是，他的做法遭受很多惡意批評。

文牧師不解，神的道理難道會因為文化、種族不同而有差異嗎？他著手編輯《世界經典》，發現所有宗教的教義七三％相同，然而，人們在那少數的二七％相互敵視。「錯誤不在宗教本身，而是人們傳遞了錯誤的信仰。」奇怪的是，所有宗教都強調「愛與和平」，但為何世界仍是不和平？而每個團體都有自己的和平工作，但卻不參與其他團體的和平工作？因為許多宗教認為自己才是最好的，不願交流溝通，繼而築起高牆，排斥其他人或宗教。

文鮮明牧師與韓鶴子伉儷。

我問：「你們會期待我們成為統一教信徒嗎？」

閔代璽牧師說：「曾有人想帶不同宗教的朋友來加入統一教。文牧師卻對他說：『不用，你回去把天主的道理傳遞給你的朋友就好了。』」神職人員的工作是傳遞神的道理，教會是為了教導根本真理的集會，文牧師更期盼的是沒有教派的教會，在任何情況下都不應該考慮教派的利益。

很多人質疑宗教人參與什麼世界問題？文牧師說，當對世界有洞察能力的政治領袖，結合有靈性洞察能力的宗教領袖的智慧，或許世界和平是可期待的。如同耶穌會會士德日進神父所言：「神職人員以愛人為己任，你對世界的愛，正是你回應天主的恩惠。身為你的司祭，我將在整個大地的祭台上，向你奉獻世界的工作與憂傷。」祝福統一教！祝福全人類！

後記

這篇文章被一位從未謀面的基督徒臭罵了一番，說文章是「包著糖衣的毒藥」，說我踩進了宗教信理的「紅線」。其實，我也徵詢過同行的黃敏正神父，他表示無論是統一教或是這位基督徒的意見他都尊重。不同宗教就是因為有這麼多質疑，才更需要交談。

這讓我想起一個故事。甲乙兩個和尚在爭論一個問題，雙方堅持不下。甲和尚氣沖沖跑進房找老和尚告狀。老和尚聽完後說：「你說得對！」不久，乙和尚也跑進來請老和尚評理。老和尚聽完後也說：「你說得對！」站在一旁的小沙彌大惑不解地問：「師父！不是甲對就是乙對，你怎麼向他們兩個人都說：『你說得對』呢？」老和尚看了小沙彌一眼說：「你說得也對！」

呵，《法華經》不用對所有佛教徒說，宗教交談也不用對還沒有準備好的人說。對我來說，一切都對。

小天使藝術表演團曾到台灣演出。

小天使的民族舞蹈。

統一教會的清平聖地孝情天苑。

聖婚祝福典禮。

統一教開始於這間文牧師講道的房間。

蔡美賢全家福。

安樂行品第十四

「文殊師利，如來亦復如是，以禪定智慧力得法國土，王於三界。而諸魔王不肯順伏，如來賢聖諸將與之共戰。其有功者，心亦歡喜，於四眾中為說諸經，令其心悅，賜以禪定、解脫、無漏根力諸法之財，又復賜與涅槃之城，言得滅度，引導其心，令皆歡喜，而不為說是《法華經》。」

「文殊師利，如轉輪王見諸兵眾有大功者，心甚歡喜，以此難信之珠久在髻中，不妄與人，而今與之。如來亦復如是，於三界中為大法王，以法教化一切眾生，見賢聖軍與五陰魔、煩惱魔、死魔共戰，有大功勳，滅三毒，出三界，破魔網。爾時如來亦大歡喜，此《法華經》，能令眾生至一切智，一切世間多怨難信，先所未說而今說之。」

「文殊師利，此《法華經》，是諸如來第一之說，於諸說中最為甚深，末後賜與，如彼強力之王、久護明珠，今乃與之。文殊師利，此《法華經》，諸佛如來秘密之藏，於諸經中最在其上，長夜守護，不妄宣說，始於今日，乃與汝等而敷演之。」

——髻珠喻，出自《法華經．安樂行品第十四》

佛陀並不認為所有人都適合去講《法華經》，最珍貴的道理只講給聽得懂的人，以免被誤會，反而讓聽的人心生恐懼、斷人慧命。佛陀認為說《法華經》的人一定要有充分準備，而聽法的空間也要合宜，聽法者要因緣成熟，所以特別提到安住「菩薩行處」及「親近處」。我認為，宗教交談並不適合所有宗教信徒都去參與，畢竟與談者的身心需要有相當程度的宗教培養和交談經驗，才不會造成無謂的衝突與誤解，相當符合宣講《法華經》的這幾項原則。

一、行處：從事宗教交談的人的心態要保持心的柔軟與內在堅定，即使面對批評交談經驗的，不生氣也不害怕。參與不同的宗教活動，清楚觀察宗教儀軌的真實涵義，但不可妄自分別優劣。唯有對方需要，因緣成熟時，才隨宜說法，而且不抱任何希望和企求。

二、親近處：學習宗教交談的人要真誠，不攀緣、不媚外、不說違心之論。既然在「談法」，就要避免孤男寡女單獨相處，才不會讓美事被誤解成壞事，徒增困擾。不要貪圖學習所有宗教的外在修行形式，反而忘了自己信仰的內在修練。就像不停在尋找名師的人，看到了很多答題技巧，卻始終不懂得如何解答。

三、第一安樂行：「身」。身體保持平和靜默，靜聽無聲之聲，或可進入「深刻的宗教交談」層次。

四、第二安樂行：「口」。宗教交流的基礎在於友誼、服務。宗教交談並非學術研討會，無須辯出你對我錯，而是歡喜的去瞭解其立論邏輯。或有機會，則可適當的分享自己從不同宗教所得到的體會。

五、第三安樂行：「意」。恭敬一切有心修行的人，無論學歷、位階高低，光是他們願意來參與宗教交談的活動都已經很不簡單了。對於參與者要心懷慈悲；對於所有來授課的講師，都是值得尊敬的對象；對於所有來服務的志工們，都應禮拜恭敬。分享宗教交談，平等說法，不要炫耀，維持謙卑，這點非常重要。

六、第四安樂行：「誓」。天主不喜歡聰明人，天主喜歡「願意的人」。《法華經》是很難的內容，許多佛教徒都沒聽過，更何況誦持讀誦？如同宗教交談，有些研究宗教交談的學者都不見得能認同了（學者的興趣在研究的趣味），更何況那些沒有交談經驗的人？從事宗教交談的人不應從自己的角度去替別人設想，而是要從對方的需要，適時提供協助，幫助「願意的人」繼續學習宗教交談。過程中難免受挫，但還是要好好做，做到痛，還要繼續做。讓從事者安心，讓被服務者放心，讓事情得以圓滿。心放下了，就是「安樂行」。

台東泰源部落營造經驗

照顧老人不是新議題，古今中外每個家庭、每個社會都要面對，但在人口老化、生育率驟降，生活形態快速改變的台灣社會，老人照護變得非常迫切。相關的理論和實例很多，形態也不斷在調整，以期求得最佳的照顧模式。好或不好，很難說。比如，日本多年前曾在郊區興建大型老人照護機構，讓在城市裡打拚的年輕人無後顧之憂，也可以利用假日來探訪親人。後來發現老人家活得愈來愈不快樂，家人探訪的次數也愈來愈少，老人家死亡率逐年攀升。現在的日本已不再迷信大型的照顧系統，開始朝小型的、在地化社區老人照顧發展。然而，設備、規模和地點是考量的重點嗎？我舉幾個自己的切身經驗給大家參考。

長者活得有尊嚴　自主自立有活力

我的阿姨行動不便，但因家人必須工作，又請不起看護，只得將她安置在臨近有照護員的安養中心。儘管阿姨心中明白這是家裡所能提供的最好照顧方式了，但當她每次和我的母親講電話時就一直哭，她說安養中心裡都是老人和生病的人，味道很臭，死氣沉沉，即使健康的人待久了也一定會生病。果然，她的精神狀況愈來愈渙散，不久便痴呆了，迅速老化、離世。試想，老人安養中心是老人家想要去的地方嗎？那裡的「活力」夠嗎？

父親罹癌後，我辭去工作在家中照顧。不過，父親凡事都需要有人協助，有一天，他跟我說希望早一點死，他不想變成家人的負累。是呀，這應該是許多長輩的心聲吧！可是有幾個人關心到老人家的「尊嚴」呢？

更現實的就是「錢」了！沒有錢，老人家如何「自主」？記得我也曾參觀過北部某醫院附設的高級老人社區，有獨門獨戶的住宅也有公寓型華廈，環境優美，公共設施齊備，甚至有定期的醫療照護，可謂相當理想，不過每個月大概要繳六萬元租金。嚇死我了！台灣九〇％以上的人根本沒有條件變老！

或許，我們也可以試著從「5W」來分析老人照護。

What——照顧老人的目的是延續生命長度，還是活出生命厚度、身心靈的健康？年輕人懂得老人家的需要嗎？

Where——在地老化當然最好囉！畢竟老人家有習慣的活動空間和友人，串門子是很重要的社交活動。

When ——最好是二十四小時全天候照顧。

Who ——誰照顧誰？老人一定是負擔嗎？法國有諺語：「但願少年有知，但願老者能為。」大多數的老人家擁有年輕人所欠缺的智慧與經驗，比如郭台銘、張忠謀等。然而，現在的做法似乎都忽略了老人家無可取代的生命寶藏，包括文化的傳承。

How ——怎麼做？老人家在意的不見得是硬體設施要多好，他們需要的是人與人之間的真心關懷，也就是愛與信任。愛，假不來，老人家一眼就看穿。信任，更是需要時間和歷經考驗才建立得起來。有些機構向政府申請經費，有錢就做老人社區營造，沒有錢就什麼都不做，彼此的感情與信任就這樣點點滴滴地流失。他們忘了關鍵在於「人」呀！

日前，天主教花蓮教區在台東泰源天主堂，舉行了一場「運用當地教會組織發展在地化長期照護」的座談，現場擠滿了來自各地的神職人員及教友，大家都想聽聽台東聖母醫院如何和堂區合作，開創出「自主、有尊嚴、有活力的老人照護」模式。畢竟天主教會是最有愛的信仰團體，而且老人家也蠻多的。

花蓮教區黃兆明主教笑說：「再過幾年，我也是需要照顧的老人了，所以我們現在要趕快做。」

照護從吃開始做　尊重文化不強求

台東是窮鄉僻壤，面積占全台灣的十分之一，人口卻只有百分之一，境內有三多：老人、小孩和狗。小朋友在學校至少還有老師照顧，但是獨居的老人整天除了守在電視機前面，彷彿生命只剩下「等待」。等待什麼呢？等死嗎？有何幸福可言？於是聖母醫院從居家照護開始，「別人不去的，我們去。病人來不了醫院，我們去病人家」，一直做到院內成立「老人日間照顧中心」，並擴大「老人送餐」範圍以服務院外老人，而且從二〇〇九年起，開始利用當地教會的現有空間改建為部落健康廚房、成立健康活力站及家庭托顧據點等。

不過，一開始並沒有想像中順利，畢竟老人家被「騙」多了。曾有某社福單位承諾在部落做送餐服務，他們向政府申請了經費，卻只願意提供最低限額的六個便當。當地需求當然不止於此，但是他們就是不願意多做。老人家怎麼可能看不懂？後來沒有了補助，這個單位就不再來了。還有個部落天主堂的場地，經過評估很適合做日間照顧中心。於是，聖母醫院便主動提供協助，邀請堂區傳協會召開會議討論合作事宜，剛開始神父及傳協會都同意，後來聖母醫院申請了公部門的經費，要展開場地整修工程，沒想到此時部落還是不安心，怕教堂土地因此被聖母醫院占領，竟然決議「拒絕」，他們說還要再考慮看看。要將已經申請的款項退回是相當麻煩的事，但是台東聖母醫院陳良娟院長說：「尊重很重要，一定不能強力介入。要記得，不是我們去幫部落做什麼？而是部落希望我們做什麼。」堂區有老人照護的需求，但是缺乏專業和人力。而台東聖母醫院有專業也有意願，但是欠缺場地（台東幅員太廣闊了），至於經費和人力都是亟待克服的難題。然而，有愛終能克服一切！以下以台東泰源部落的成功運作經驗與大家分享。

泰源健康活力站　新老人顧舊老人

泰源部落（Alapawan）位於台東縣東河鄉的盆地內，以農業生活為主，原住民人口數占社區人口五四％，六十五歲以上老年人口約三、四百人，比例約占四〇％，其中又約有二〇％的老人處於獨居狀態。二〇一二年八月聖母升天節前夕，黃主教得知泰源部落的老人有強烈需求，且泰源天主堂教友們也希望能邀請台東聖母醫院協助，有系統的規劃老人照顧的服務；台東聖母醫院在沒有政府的奧援下，決定先成立初級照護的健康活力站，由堂區提供場地，工程部分包括木工、水泥、水電，全部由當地人共同討論、決定，再一起合力完成。（畢竟很多原住民平常都在做臨時工，這些工作他們樣樣都會，肥水何必落入外人田，對不？）

良娟笑說：「大概多花了三倍的時間吧，但是很值得。大家看到堂區動起來了，阿美族老人家一大早就坐在工地『監工』，他們就是坐在那裡，很平安、很安穩。才一個月，有人開始送來家裡的鍋子、爐具，每天在工地外面燒菜煮飯，我們都還沒有開始送餐呢！後來，參與的人愈來愈多，每個人都想貢獻自己。我們接受老人家的指導，由他們自己決定活動的方式。」

二〇一三年四月「泰源健康活力站」開站了！每個星期二、四有活動，參與者都是部落裡的老人，大多自行過來健康活力站參與活動及用餐。廚房不只是廚房，部落健康廚房秉持「一點多功」的精神，是聖母醫院進行社區營造和健康促進的基地，也是居家服務、居家護理師休息的補給站，當地的「人」、「物」直接就拉到部落健康廚房上班。廚房裡，每天爐火熊熊為獨居老人準備午餐，一天超過一百個便當，有時還會高達兩百個。十一時一到，送餐員即騎著摩托車將熱騰騰的便當送到老人家裡，聖母醫院的送餐員平均六十五歲，都是當地人，他們說：「我們是『新老人』，去照顧『舊老人』。」

被照顧的「舊」老人平均七十五歲，他們自己決定健康活力站的活動內容。譬如，收穫季要搭涼亭，聖誕節為老人家準備世紀婚禮，所有工作大家一起做。去年端午節說

恩典之米
主的恩典夠我用
台東泰源、東河部落14位有愛心的老人家
為感恩聖母醫院對偏鄉部落老人提供的關懷服務
主動提供良田供醫院進行自然無農藥的友善耕作
希望收成後的純淨恩典米
能提供身障及獨居老人送餐服務使用
以減少醫院的財務負擔
同時也願意提供部分恩典米與有愛心的您一起分享
所獲盈餘全數捐給台東聖母醫院部落服務愛心基金
讓聖母醫院帶著您的愛心一起為偏鄉窮人服務！
台東聖母醫院
ST. MARY'S HOSPITAL
喜樂農場
相愛
我們合力做美麗的事
[愛心穀東]
每穀2000元，可獲得10公斤的恩典之米
2014.12.20後 宅配到府，歡迎踴躍訂購
預約專線：089-345719 聖母健康會館

恩典米宣傳海報。

要包粽子，有人出米，有人出肉，有人上山採葉子，約好了時間大家一起到健康活力站幹活。煮好的粽子，大家圍坐一起享受，還有多出來的粽子可以各自提回去與家人分享。

良娟說：「部落的粽子我們外地人根本做不來，那是部落文化的一部分。放感情，才看得到文化。」

後來，國防醫學院的學生來泰源部落服務一星期，學生和老人家互相認養，學生可以決定要當哪一家的孩子，老人家當然也可以選擇要不要接受。老人家捏著同學的耳朵，替他們各取了原住民的名字，並解釋名字的意義。他們一起生活，文化就在潛移默化中傳承了下來。最後一天，老人家替每名學生各自編織了一條紅色勇士帶，幫他們綁在頭上作為祝福。

喜樂農場恩典米　情感凝聚歡喜做

協助健康活力站行政事務的社工瓦贛是泰源的年輕一輩，曾任老師，受到白冷教會神父和瑪爾大修女會黃修女的影響，以及台東聖母醫院的邀請，他決定回鄉盡一己之力。他說：「部落老人是活的教科書，認同自己的文化就要從生活開始。錢絕對不是最重要的問題。老人家說他們每個月有三五〇〇元老人津貼，如果健康活力站需要錢，大家就多少捐一點，那麼團體就可以運作了。」

阿美族是母系社會，階級觀念很強，「婦女會」可以拿主意，頭目負責指揮，老人家的智慧在活動中充分展現。事情則交由「中青會」執行，年輕人可以引進新觀念，繼續培養未來的年輕人。原本逐漸凋零的堂區，因為年輕人與新老人、舊老人的熱情投入而產生巨大的改變。年輕人回來了，老人家健康快樂了，而部落情感更形凝聚，堂區也重新恢復活力。

一年之後，傳協會會長告訴良娟院長，老人家每天吃聖母醫院的飯，覺得不好意思，他們希望能夠減輕聖母醫院的負擔，同時也讓台東其他的老人也能吃到安全無毒的稻米及蔬菜。他們願意無條件提供聖母醫院土地，自己種米、種菜。其實這些土地早已休耕三十年，休耕有政府補助，開始耕種後，補助就沒了，換句話說，老人家如果捐給聖母醫院種田，意味著要自己出田、出錢、出力。前後共有十四位老人家提供了二十一筆，共計七甲土地，其中的五甲種稻、兩甲種菜。後來，送餐員和廚師下了班也來田裡當志工，跟著老人家一起下田、巡田、在田裡禱告，宛如米勒的名畫〈晚禱〉。

良娟說：「老人家教我們種稻，他們說要和稻子說話，要有禮貌，因為每個稻子都是有靈魂的，心情不好不能下田，連放屁都不可以。你不去看田，田就死給你看。」其

泰源祈雨祭典。

實照顧老人，不也如此？你不去看他，他就死給你看。

這些農場被稱為「喜樂農場」，產出的米叫「恩典米」。第一期稻米收成二十公噸，其中十公噸提供給老人及身心障礙送餐服務，另外十公噸稻米接受外界訂購，為健康活力站籌募持續營運的經費。

軸輪零件上軌道　手錶才能走得好

泰源健康活力站才成立一年，即以〈姊姊〉拿下國民健康署活力秀全國總冠軍，目前約有七十位學員，年齡從五十五歲到九十三歲，老人家在自辦的課程中找到自我的價值，每週兩天、每次三小時的律動，讓他們老態盡除，活力十足。

班上的老大姊李英妹今年九十三歲，獨居，過去在家的活動就是喝酒、昏睡和胡思亂想，有時甚至日夜不分。參加泰源健康活力站之後，讓她找到生活的重心，如今要參加比賽，她雖然不能久站，卻堅持不缺席，「別人可以跳，我也行！」八十歲的高金木行動不便，剛參加活力站時還要拿四腳枴，如今已經可以單手拿枴杖走動，他說：「很多人年紀大了就覺得動不了，其實都是自己給自己障礙，我們也可以像年輕人一樣！」

老人家的舞蹈取材非常多樣，從鄉內近年風行的衝浪，到傳統的三仙台故事。舞蹈也完全自編，不拘泥於現代或傳統，舞步可以面對面彎腰打招呼，也能做體操，他們跳舞自得其樂。瓦贛說：「能拿獎當然最好，就算沒拿到也享受到了快樂。」沒想到連續兩年，泰源部落榮獲台東縣老人舞蹈第一名佳績，成為地方與中央最佳的老人照護的活力標竿單位。

去年聖誕節當晚，聖堂內外擠得滿坑滿谷，大家都穿著傳統服飾盛裝參加彌撒。泰源天主堂的葛德神父親眼看到堂區的重新活化，感性地說：「本堂神父不是帶領大家往前走的火車頭，堂區不是火車，堂區是手錶，手錶裡面有大大小小的輪軸以及各種零件，沒有哪一個是不重要的，也就是說，每個人要互相密切配合，手錶才能走得好，堂區才能得到活化。」

六年來，花蓮教區與台東聖母醫院在有限的經費和人力下，陸續建立了八個部落健康廚房、三個健康活力站及兩個活力站，創造出五十五個工作機會，也提供居家服務、居家護理、安寧居家、家庭托顧等各項長照服務，每天超過一千五百位長者及身心障礙者，接受台東聖母醫院的照顧。運用教堂閒置空間及教友們的志工力量，堂區活化起來，信仰更加堅定，也多善用一點整合和創新，以行動做見證，我們努力創造出「自主、有尊嚴、有活力的老人照護」模式。

從地涌出品第十五

爾時，彌勒菩薩摩訶薩及無數諸菩薩等，心生疑惑，怪未曾有，而作是念：「云何世尊於少時間，教化如是無量無邊阿僧祇諸大菩薩，令住阿耨多羅三藐三菩提？」即白佛言：「世尊，如來為太子時，出於釋宮，去伽耶城不遠，坐於道場，得成阿耨多羅三藐三菩提，從是已來始過四十餘年，世尊，云何於此少時大作佛事，以佛勢力，以佛功德，教化如是無量大菩薩眾當成阿耨多羅三藐三菩提？世尊，此大菩薩眾，假使有人於千萬億劫數不能盡，不得其邊，斯等久遠已來，於無量無邊諸佛所植諸善根，成就菩薩道，常修梵行。世尊，如此之事，世所難信。

譬如有人、色美發黑，年二十五，指百歲人，言是我子，其百歲人亦指年少，言是我父，生育我等，是事難信。……」

——《法華經．從地涌出品第十五》

我曾見過九二一大地震時，宗教人從四面八方不斷投身災區，參與救災；我曾見過聖母醫院在面臨經營危機時，人潮像海浪般一波波的湧入醫院捐款。我完全不知道這些人來自何方，也不知道我們曾為他們服務過什麼？那麼召喚他們而來的信號是什麼呢？

《法華經．從地涌出品第十五》記載，有一群來自遠方他國的眾多菩薩發願要護持《法華經》。佛陀卻說，不必，佛滅度後，娑婆世界會有許多人繼續傳誦《法華經》。隨即大地裂開，千萬億無數的金色菩薩同時從地下湧出。佛陀說這些人都是他渡化的。但是，佛陀悟道以來明明不過四十年，怎麼可能在這麼短的時間內渡化了這麼多人？

對於兩千年前的人而言，千萬億菩薩同時從地湧出的場景，實在難以想像。現在來看，佛陀肯定是「網紅」，透過網站直播進行教學，世界各地的網友同時上線觀賞。只不過，佛陀是在兩千年前透過「神力」展示這些影音檔案。至於有無前世今生的輪迴？乃至神鬼之說？每個宗教都有各自詮釋世界的方式，正如每個人都有自己的生命經驗，存在了太多尚不可知的層次。可以確定的是，任何你現在所做的事，很可能會影響後世許許多多的人，可見的或不可見的。

每一次相遇，都是久別重逢。今天是農曆七月的最後一天，我們又要再見了。我點上一炷香，依依不捨，滿懷感激。

長輩提醒我：「點香，點的是哪個香？」他說，早期逃難來台時，哪來的香？就地一抔土就是爐，拾起一枝草就是香，重點是心意，形式不過是象徵。

是的。我點上「心」香，遙相祝福。謝謝你們。

人與人及神與神之間

所有的事物都有生命，問題是如何喚起它的靈性。

——馬奎斯

民國百年，我打算好好讀一下魔幻寫實作家馬奎斯的《百年孤寂》，我知道我和這本書有緣分，因為我一直過著魔幻寫實的生活。呵呵。當晚我作了一場夢，夢見家裡來了一個好瘦好瘦的小女孩，穿得破破爛爛的、臉上都是泥土，不停吸吮著手指。我看了很不捨，便拿了一套我的衣服給她換上，但我的短褲對她而言還是太大了，只得再拿一條腰帶幫她紮緊。

這個夢我完全不解，就是記了下來。清晨，趕搭第一班火車從台北回台東，在車上開始讀《百年孤寂》。窗外的陽光刺眼，景色從高樓林立的水泥叢林慢慢進入山巒間，小溪蜿蜒，水油油的稻田敞開著，左側是可以遺忘記憶的太平洋。讀著書裡面那群無知的人們認真做著許多自以為是的正經傻事，我忍不住大笑，馬奎斯天馬行空亂掰他們講的垃圾話，莫名其妙的程度更勝於我（難怪他會得諾貝爾文學獎）。

讀到第三章，故事出現了一個被送到老邦迪亞家後的十一歲女童莉比卡，她帶著全部的行李，包括一個小箱子、一張有把手的漆花小搖椅、一個帆布袋，裡面裝著她父母親的遺骨。女童從到達老邦迪亞家開始，就一直坐在搖椅上吸吮指頭，以她那驚恐的大眼睛打量大家……怎麼回事？這不是夢中的情節嗎？竟然連這種沒看過的文學內容也能靈通？

二〇一二年，我因宗教交談參訪土耳其伊斯坦堡。船經博斯普魯斯海峽時，海面上竟然出現成群的海豚與潛水艇。我興奮不已，興之所致便高唱〈黃色潛水艇〉（Yellow Submarine）。怎知，隔天參訪土耳其的第一大報社，報社的副刊竟然刊載全版的Yellow Submarine專文。這未免太巧了吧。一星期後我回到台灣，登錄了電子書帳號，沒想到送給我的第一本電子書也是*Yellow Submarine*。呵呵，我確定在土耳其沒有上網，海豚、潛艇和報紙更不可能被安排，難道天上也有大數據的「演算法」？

我不禁好奇去瞭解一下這首歌的背景，大概是說要用音樂幫助人們走出黑暗國度。最特別的是〈黃色潛水艇〉發表的那年，竟然和我出生同年。前幾天，我在電視上看到一隻母海豚馱負著死去的小海豚在海中載浮載沉的畫面，突然一陣鼻酸。原來是聖靈的風在吹拂，從海湧出，提醒我灰心喪志無益於事，慈悲才是解決事情最好的方法。

不要急著對不同信仰的人「傳教」，不要強迫對方接受你的想法，也不要期待對方參

與你們的宗教儀式。傾聽，是最起碼的「尊重」。我們能帶給別人什麼「福音」？你的所作所為，就是具體展現你的信仰的福音。

「見山是山，見山不是山，見山是山。」不同層次的宗教交談有不同的風光。五十年前，三位花蓮海星中學的修女來向證嚴法師傳教，他們談到彼此的教主、教旨、教義，把天主的博愛與佛陀的慈悲提出來研究討論。修女在臨離去前說，我今天終於瞭解佛陀的慈悲是普及一切生命，確實很偉大。但是，雖然天主的博愛只是為全人類，我們在社會上建教堂、蓋醫院、辦養老院，而你們佛教有嗎？……修女的話觸動了證嚴法師的靈機，她決定把這些力量組織起來，從救人做起。一九六六年佛教克難慈濟功德會就在法師與四位出家弟子和三十位信徒的願心下組織起來了。這一場天主教與佛教之間的「宗教交談」，開始了慈濟志業，影響所及，不可思議。

修行在人與人之間，不自誇、不張狂，謙卑地認識到自己的不足；神職人員在人與神之間，自願承擔他人的苦難，隨喜功德；宗教交談在人與人與神與神之間，在每個人身上發現我們的神在等待著我們，期待「自覺、覺他、覺行圓滿」。

我認識的穆斯林，一天禮拜五次，穆斯林每天至少為至親好友祝福三十多次，一年下來超過一萬次，我看到了無盡的感謝；我認識的佛教盲人樂團，巡迴各地演奏，我看到了宗教人對社會的貢獻，以及有信仰的人不放棄生命所活出的光采；我認識的統一教

伊斯蘭教穆斯林朝拜天房。

天主教的聖母是
不是也很像佛教
的觀世音菩薩？

證嚴法師與聖母醫院的修女們是多年的好友。

夫妻，會在活動中跪下來向所有學員禮拜，我反省自己是否能夠如此謙卑？我到訪過的許多一貫道佛堂，道親們無微不至的照顧我的生活起居，連九十歲的阿嬤也來為我服務，我實在很慚愧。至於曾發生的台灣雇主在印尼勞工的伙食中參雜豬肉，或許並不是因為宗教仇恨，而是人們對宗教的知識不足。宗教交談確實可以幫助我們認識世界，提醒自己信仰的初衷。

至於有些人擔心，宗教交談會不會導致改變信仰？花蓮教區黃兆明主教分享了他的看法：「宗教交談會加深我們對自己宗教的認識，如果因為交談就改變信仰，可能要思考我們對自己宗教的認識夠不夠深刻。」

如來壽量品第十六

「……譬如良醫智慧聰達，明練方藥，善治眾病。其人多諸子息，若十、二十乃至百數。以有事緣，遠至餘國，諸子於後飲他毒藥，藥發悶亂宛轉於地。是時其父還來歸家。諸子飲毒，或失本心，或不失者，遙見其父，皆大歡喜，拜跪問訊：『善安隱歸！我等愚癡誤服毒藥，願見救療更賜壽命。』父見子等苦惱如是，依諸經方求好藥草，色香美味皆悉具足。擣篩和合與子令服，而作是言：『此大良藥，色香美味皆悉具足。汝等可服，速除苦惱，無復眾患。』

「其諸子中不失心者，見此良藥色香俱好，即便服之，病盡除愈。餘失心者，見其父來，雖亦歡喜問訊求索治病，然與其藥而不肯服。所以者何？毒氣深入失本心故，於此好色香藥而謂不美。父作是念：『此子可愍，為毒所中，心皆顛倒。雖見我喜，求索救療，如是好藥而不肯服，我今當設方便令服此藥。』即作是言：『汝等當知，我今衰老，死時已至。是好良藥今留在此，汝可取服，勿憂不瘥。』作是教已，復至他國，遣使還告：『汝父已死。』是時諸子聞父背喪，心大憂惱而作是念：『若父在者，慈愍我等能見救護，今者捨我遠喪他國。自惟孤露，無復恃怙。』常懷悲感，心遂醒悟，乃知此藥色味香美。即取服之，毒病皆愈。其父聞子悉已得瘥，尋便來歸，咸使見之。……」

——《法華經．如來壽量品第十六》

傳承，在所有宗教都很重要。傳承意味著信仰是被「主流」確認過的、沒有偏頗。

佛教有南傳北傳藏傳、大乘小乘、淨土、禪宗等，基督宗教也有天主教、東正教、基督教等派別。我想，應該不會有哪個團體認為自己的信仰是錯的吧？若我是「唯一」對的，那是否表示其他的人的信仰都是錯的？可是，誰有資格批評誰是錯的呢？自大的人們以「有限」揣測「無限」，就像幼稚園的小朋友批評大學教授沒學問，只是突顯自己的無知。

再從另一個角度來看，你是「唯一」的一個人，難道其他人不是唯一的一個人嗎？每個人的父母親也都是唯一的？那我們還能這麼確定唯一這件事嗎？

在還沒有宗教交談之前的年代，每個宗教都認為自己所信仰的神是世界上的唯一。從歷史的向度，佛陀八十歲涅槃、耶穌三十三歲被釘上十字架。從究竟的向度，《法華經》卻表示，如來的壽命無限，而且世界各地有數不盡的神與佛，不斷的來到人間渡化眾生。

六祖點了哪顆心

我受邀到彰化一貫道佛堂分享《六祖壇經》。與會的三百多位講師和點傳師分別來自全省各地，都是浸淫在《壇經》多年的前輩。我自問，我還能分享些什麼呢？六祖惠能在一千五百年前體會到的「心」，和兩千五百年前佛陀覺悟的「心」可有不同？惠能點了哪顆心？我的體悟又是什麼？

鋼琴就在那裡，為什麼你彈不出美妙的旋律？字典就在那裡，為什麼你寫不出好文章？世界就在那裡，為什麼你看不到世界的美好？「溪聲盡是廣長舌，山色無非清淨身。」這就是禪的修練，而不是假假的裝模作樣。我猜想，如果六祖看到日本禪寺庭院裡的「枯山水」，大概會拿起掃把將假山假水全部打亂。

《六祖壇經》共十品，沒想到我第一品就講了三小時。談到電影《異星入境》（*Arrival*）的時間觀，感覺半數以上的人已然跟不上了，經過一番解釋，「過去心、現在心、未來心」忽然超越地成為一種臨在，全場進入了一種奇妙的氛圍，從他們的眼神中看得出來，我打開了他們生命裡的一扇窗，他們聽懂了，他們感受到發現心靈新大陸的喜悅。接下來的八品便似輕風拂掠湖面，直接飛入第十品，從電影《進擊的鼓手》

（*Whiplash*）談教育與傳承，六祖如何以革命性的語言和活潑的教法，解放人們在行住坐臥之中被禁錮的心靈。會後，許多人興奮地來告訴我，我解答了他們許多問題，他們的世界觀已然不同。是呀，感謝六祖、感謝佛陀，他們未來幾十年將在世界各地接引更多「有心」學習的好人。能夠參與其中，我與有榮焉。（以下是當日演講的節錄）。

記得年輕時第一次讀《金剛經》時，我完全看不懂，儘管每個字都認得，但內容就是看不懂，直到後來讀了《六祖壇經》，才開始有點體悟，原來《金剛經》講的是這個。當時就覺得惠能好厲害喔！惠能若活在現代，大概就像是一名住在山上沒讀過書、二十歲出頭的年輕人，跑到佛光山去跟星雲大師談論佛法，講沒幾次話，星雲就決定把整個佛光山傳給這個人，而且所有弟子都要聽他的。難度真的頗高。到底惠能悟到了什麼？他悟到的和佛陀一樣嗎？

佛陀拈花，迦葉微笑。曾有人懷疑六祖的故事是不是編出來的？實則能編這樣故事的人一定有某些生命體悟。什麼是「一即一切、一切即一」？《金剛經》云：「過去心不可得，現在心不可得，未來心不可得。」時間是主觀的科學，抑或是客觀的感知？時間會因為你而改變嗎？譬如，你若喜歡上課，你會覺得快樂的時光過得好快，但是如果你很討厭一個人，相處起來就會覺得如坐針氈。儘管科學上的時間是一致的。真的嗎？時間存在嗎？

愛因斯坦說：「對於像我們這些信仰物理學的人而言，過去、現在和未來之間的區別只不過是一種頑固持續的幻象。」一九七九年，科學家惠勒提出「延遲選擇實驗」（Wheeler's Delayed Choice Experiment），結論是「現在的行為能影響過去的結果」。這是科學的說法，我想從一般人熟悉的經驗來說明，生命確實是可以因為觀測者的改變而產生不同的結果。

電影《異星入境》嘗試打破人類一直「以為」時間是單向、不可逆的時間觀。電影的播放是片長兩小時的時間連續直線，但是剪接卻改變了我們對於電影時間的認知，或快或慢，甚至跳躍、倒敘、反轉成圈。片中的女主角學會了外星語言，慢慢恍然大悟，開始「回憶」起「未來」的事。這種觀影經驗，難以用語言講得清楚。就像「禪」，如人飲水，冷暖自知。

試著攤開你的記憶，回憶像一張張的照片陳列眼前。你現在對於某件事情的感覺還是和當時一樣嗎？情節雖然沒有變化，感受可能已然不同。如果你走過來了，或許你就可以很客觀的看那件事情，當然有些人還被過去的陰影說籠罩著，因為他沒有走過去。兩者的差別就在心的修行。其實，你所記住的東西一直都在變，你的心性對那種東西的體悟也一直都在變。

我再問，如果人生可以重來，你要不要再過同樣的生命呢？或者，如果你已清楚未來的結果，你還願意去承受接受現在命定的過程嗎？站在覺悟的彼岸所看到的那個時間點，其實存在著所有時間的可能性，吾人若能清楚明辨，那是不是得到了般若智慧？

六祖是大破我執的思想革命家。一般人多以為對世界的感知是可以一層一層剖析分明，其實根本沒有一層一層，從一開始就是一體的。譬如，你怎麼形容一個人呢？五官、長相、膚色、器官、骨架、甚至元素組成，但那是他嗎？宇宙一直在變，萬事萬物一直在變，每個人的每個瞬間也都不一樣，那是無常，我們能否安住我們的心來看到世間的無常？安定的心會帶你進入「禪」的狀態。你的感知能力會打開，訊息雖多，但是心卻很安定（很多人一天不打開手機可是會慌的）。有許多人喜歡聊別人的八卦，卻不知道自己是誰。你怎麼形容自己呢？別人是怎麼看待你、會推薦你嗎？你喜歡自己嗎？生病的人都不喜歡自己，不喜歡自己生病；有的人喜歡自己勤快一點，偏偏自己又提不起勁，你在跟你自己作對嗎？為什麼要作對？看自己不爽，要讓自己受點苦啊。為什麼要受苦？因為沒有自覺，不瞭解自性。

何期自性，本自清淨；何期自性，本不生滅；何期自性，本自具足；何期自性，本無動搖；何期自性，能生萬法。

佛陀和六祖從頭到尾講的就是要瞭解你的自性。米開朗基羅〈創世紀〉的畫中，耶和華伸出手接觸亞當手指的瞬間，把人從原本狹隘的自我認知世界，與神連接在一起。

在此瞬間，你跟神同在，你被感動了、被影響了，那就是「以心印心」。就像你在讀聖經與佛經的某一瞬間，讀懂了這些轉譯自耶穌或佛陀所體悟到的那一瞬間的文字。那就是天啟！只不過，當你知道自己之後，有沒有好好活出你自己的生命？你曾經模仿過耶穌或佛陀的生活方式嗎？佛陀怎麼睡我就怎麼睡，佛陀怎麼吃我就怎麼吃，我把佛經都背起來，就會變成佛陀嗎？六祖告訴你，那些都是外相。覺悟，不是要你們變成釋迦牟尼，而是要你做自己，你要誠實面對自己，活出你應有的模樣。花之所以美麗，只因它一心一意為了開花。

修行不用講什麼大道理，道理就在你所做的工作和生活中。禪宗傳的不是衣缽，而是傳心。有人說是密法，其實是超越言語的心領神會，究竟心裡有沒有感悟？有經驗的人就會知道。就像戀愛的人就知道，讀愛情小說是一回事，真的談戀愛又是一回事，直到被愛、被傷害、懂得了什麼是愛，最後讓自己成為一個充滿愛的人，那可是另一個境界。讀《壇經》，就是在讀六祖體會「禪」的故事，我們把故事背起來，就是把體悟傳下去，或許有經驗了就會悟道。所以說，傳承也是很重要的。儘管許多禪師不見得悟道，但是他傳承下來的某句話說不定可以幫助其他人悟道。如同惠能無意中聽到「應無所住而生其心」，點燃了他心中悟道的小火苗，才有後來改變中國佛教史的關鍵發展。

現在的你，心裡可有露出微光？你現在再看《金剛經》其實已經不是原本你們所體會的那句話了，因為你的心已經改變了，過去心現在心未來心在那瞬間，開發了，超越了，進入你現在生命裡的所有經驗。

五祖問惠能「你對生命的體悟是什麼呢？」（我們也可以問問自己，試著回答。）

大弟子神秀回答：「身是菩提樹，心是明鏡台。時時勤拂拭，莫使惹塵埃。」

惠能卻說：「菩提本無樹，明鏡亦非台。本來無一物，何處惹塵埃。」

這句話橫空出世，驚天動地。神秀所言的層次，就是人們在禪寺裡所看到的「外在」形式；而惠能所說的卻是「內在」的體悟。惠能站在這樣的高度欣賞生命，完全不受限制。五祖知道人性，擔心惠能會受到無知者的惡意傷害，要他趕快離開。惠能當然希望繼續跟在五祖身旁學習，五祖卻說：「有情來下種，因地果還生。無情亦無種，無性亦無生。」我們有這麼一個相識的緣分，產生了一個未來你可能會覺悟的可能因子。覺悟的東西在本體，本身是個「能量」，這些能量的存在會因為你的改變而改變，不再是原本存在的那顆心。五祖告訴惠能，不用執著，你離開吧。能曰：「向甚處去。」祖云：「逢懷則止，遇會則藏。」原來，五祖也「看」到了未來。

惠能拜別五祖，說：「迷時師度，悟了自度。」

而後，數百名不甘心的弟子緊追惠能而來要奪衣缽。性情急躁的四品將軍惠明最先追上惠能，卻見惠能氣定神閒地坐在地上等他。惠明眼見傳承的衣缽放在大石上，伸手要拿卻怎麼也提不起來。這怎麼可能呢？惠明驚駭不已。

惠能要惠明先把心靜下，屏息諸緣，不思善不思惡，不要有任何念頭。為什麼說不要有任何念頭？因為惠明主觀認為惠能偷走了五祖的東西，但對於惠能而言，他根本沒有偷任何的東西，甚至代表正法的衣缽也是五祖送他的。兩人看事情的角度是不一樣的。不要認為你是這一邊的，我是那一邊的，不要以為你是好人我是壞人，就像軍人在打仗時，不盡然和敵方有任何仇恨，只是為了要保家衛國要去殺人、去殺陌生人，去結惡緣，承擔因果。惠能問惠明，身為將軍和修行者，哪一個才是真正的你、你的本來面目？

沒有任何的秘密是你不瞭解的，只因為你沒有那個解讀的秘契（code），其中差別在於悟道與否。悟道後的惠能完全清楚接下來即將要發生的事情，說不定腦中有和惠明將軍面對面的這段影像（不知道有沒字幕呀），也明白惠明一直想不通的疑惑，所以才能一句話就打到惠明的心。

悟道，並非一定要在佛堂才能悟得，不好的環境也能悟道，佛法教導我們練習的方式，於是所有煩惱即為悟道的好機會。「煩惱即菩提」，這句話在哪個時代都聽不懂，六祖告訴你說原來這些煩惱可幫助你變得不一樣，所以你面對煩惱時，如果你的心意是改變的，就像你剛剛觀測的那個光子，如果你觀測者不同的時候，這些煩惱就變成不一

婆羅門禮敬象徵男性創造力量的林迦與象徵女性子宮的幽尼。無知的人以為他看到了什麼？這是他表現出來的「禪」。

在看什麼呢？想悟什麼呢？（攝於東京法隆寺枯山水）

樣的結果，而且會從頭去改變過去。人的心很容易被環境干擾，要維持一個心的寧靜並不是那麼容易，讓心清淨不在於環境，而是你的心在哪裡安住。電影《少年Pi的奇幻漂流》主角要面對恐懼，原來因為錯誤認知或不瞭解而心生恐懼，那也是「無常」。恐怖片最恐怖的正是看不到的。

惠能隱姓埋名躲在獵人群裡十五年，直到他覺得因緣成熟，才下山走進人群。來到法性寺前，台上是印宗法師在講法，台下聽眾卻在討論著風動還是旗動？惠能一句「仁者心動」，令眾人大開眼界，心想他會不會就是傳說中的那個得法之人？此時的惠能已然當仁不讓，回答「我就是那個人。」接下來，印宗法師與惠能開始討論「什麼是不二法門？」惠能說沒有相對，就沒有分別，本來就是一體，一體也不只兩面，而是有無限面。你是我的一部分，我也是你的一部分，我們生命的裡面的每個人都跟我有因緣，只是深與淺不同。我在你內，你在我內，生命深刻的交流著。

印宗從來沒有聽過這樣的道理，原來經典說的內容是這個。我還以為世界上有好人有壞人，我們要修苦集滅道四聖諦，根本不是這樣。我聽那麼多經典，還不如你講一句話直接打到我的心。哇！印宗讚歎惠能才是真正的覺悟者。接著，印宗幫惠能剃度，成為正式的出家人。而後，印宗拜惠能為師。此時的印宗五十歲，惠能三十九歲。印宗好大的胸襟，惠能好大的信心，他們站在不同的高度看世界。

所有存在都是某種隱喻的呈現。惠能的一生多災多難，三次遇刺，乃至圓寂後，肉身舍利也險些被斷頭，我認為惠能在悟道之時早已知悉一切，他欣然接受，無入而不自得，這是覺悟之人（佛）選擇的生命呈現。生，燦如夏花；死，美如秋葉。整個世界也因惠能的選擇而繁花盛開。

六祖的悟道大致可分成幾個層次。

第一階段「明心見性」。當你能清楚自心的種種表現方法，並理解其中區別，就會幫助自己開發到不同的領域，不被任何的事情所局限，於是世界萬物與我合而為一，甚至無窮的變化，有無限的可能性。而我心裡面也都了然透徹，這叫明心見性。

第二階段是「無心歇心」。萬物跟我共同存在，一切都跟我有關，所以就沒有這個我的存在，我從個人的小我變成世界的大我。你不是只有你，你是宇宙的一分子，這個世界的因因果果會因為你而產生改變，所以你不是你，那叫做無我，當我沒有拘泥在我自己的時候，從一個人進入眾生，看世界的方法就完全不同了。

第三階段會進入「超越」，超越就是「見天地」，你所做的工作就是老天爺要做的，你跟「天」出現超越性的呼應，你將與神同在，超越時間、超越空間，開拓出無限寬廣的心。我覺得這就是六祖頓悟到的奇妙的點。

我期盼，整個世界會因你的選擇而繁花盛開。

金閣寺位於日本京都，興建於1397年，共有三層不同的建築風格，第一層採用寢殿造（平安時代的貴族風格），第二層以武家造（武士建築風格），第三層則以中國的禪宗佛殿造風格呈現。雖然三層樓的建築風格不同，看起來卻非常協調，深得「禪」的況味。

分別功德品第十七

爾時，世尊欲重宣此義，而說偈言：

若人求佛慧，於八十萬億、那由他劫數，行五波羅蜜。
於是諸劫中，布施供養佛，及緣覺弟子，並諸菩薩眾，
珍異之飲食，上服與臥具，栴檀立精舍，以園林莊嚴。
如是等布施，種種皆微妙，盡此諸劫數，以回向佛道。
若復持禁戒，清淨無缺漏，求於無上道，諸佛之所歎。
若復行忍辱，住於調柔地，設眾惡來加，其心不傾動。
諸有得法者，懷於增上慢，為此所輕惱，如是亦能忍。
若復勤精進，志念常堅固，於無量億劫，一心不懈息。
又於無數劫，住於空閒處，若坐若經行，除睡常攝心，
以是因緣故，能生諸禪定，八十億萬劫，安住心不亂。
持此一心福，願求無上道。我得一切智，盡諸禪定際。
是人於百千，萬億劫數中，行此諸功德，如上之所說。
有善男女等，聞我說壽命，乃至一念信，其福過於彼。
若人悉無有，一切諸疑悔，深心須臾信，其福為如此。
其有諸菩薩，無量劫行道，聞我說壽命，是則能信受。

如是諸人等，頂受此經典：願我於未來，長壽度眾生，
如今日世尊、諸釋中之王，道場師子吼，說法無所畏。
我等未來世，一切所尊敬，坐於道場時，說壽亦如是。
若有深心者，清淨而質直，多聞能總持，隨義解佛語，
如是諸人等，於此無有疑。

——《法華經．分別功德品第十七》

《法華經．分別功德品第十七》中，佛陀告訴我們，如來的壽命無量，如來存在於無限的時間與無限的空間之中。接觸到究竟向度的佛陀，並能相信與理解時，人們就已經開始享受佛果，獲得究竟真理的功德了。

「功德」是一種精神力量，在日常生活中累積穩定的能量，幫助我們獲得洞見與喜悅，活在當下。《法華經》第十七、十八、十九品都與功德的觀念有關：分別功德、隨喜功德、法師功德。在《金剛經》與《六祖壇經》有相當精闢的解說。《金剛經》是佛陀所說的，《六祖壇經》是佛滅度千年之後六祖惠能的體悟。然而，再經過一千五百年的我們，有何體悟？

我曾有一夢。一貫道的古宅改建，怪手開始拆毀磚牆。前人和我在斷垣殘壁中找到了一批《金剛經》與《六祖壇經》古籍。

醒後，我打電話給前人。前人笑說：「我們今天才剛結束兩天的《金剛經》講座。我想，你這個夢應該有特別的意義。」當然，我心裡很清楚，這是一個徵兆。剛好大陸也邀請我去分享《金剛經》，我沒有多作考慮便答應了。有人想聽，我都願意分享，那場夢也是一大鼓勵。實則，我未免太大膽了。我懂《金剛經》嗎？我如何確信自己沒有誤解佛陀本懷？那麼多祖師大德宣講過《金剛經》，我有什麼體會呢？很奇妙的，我還蠻有信心的。

有一次我在北京授課。我問學員什麼是兩點間的最短距離？有人說直線，我搖頭。此時，坐在前排的一名學員竟無意識地將手上的紙對折。我笑說這就是了。我送給她我寫的書《你的耶穌，我的佛陀》作為禮物。課後，這名學員告訴我她是從山東來的，其實她沒有報名，只因為前晚作了一個夢，夢到有人手握一把沙，沙中有世界。剛好朋友邀她來聽課，她便一起來了。我聽完大笑，翻開《你的耶穌，我的佛陀》書中與聖嚴法師的那一段夢境。我說：「這就是徵兆。」後來，我才知道這次見面對她產生了很大的影響，她找到了自己。

這不就是《金剛經》講的重點嗎？緣起性空。

翻譯成現代語彙就是「惜緣、不執著」。
感謝這一切的機會與安排，我認真學習著。

一次讀懂《金剛經》

《金剛經》，是佛陀與弟子的對話錄，還是教科書？為何要讀《金剛經》？是因為需要而學習？還是因為你喜歡？舉個例子，市面上有許多談論愛情的教科書，你認為靠課本上的知識可以學到愛情嗎？沒有談過戀愛的人永遠不會知道，愛情需要親身體會，剛開始先有感覺，因為喜歡，才想要多認識，因為彼此的付出與獲得，或歡喜或受傷，於是乎人們慢慢懂得什麼是愛。而當你的愛情令人羨慕，於是你向別人解釋你認為的愛情。對我而言，《金剛經》是因為我真的喜歡《金剛經》，我親身體驗，真的感動滿分，所以今天來跟大家分享。（以下是當時演講的節錄）。

簡單地說，《金剛經》的內容可以用七點來學習：一個觀念，兩把鑰匙，三種修行層次、三種心、四相、四句偈，五眼，六波羅蜜，七寶。

一、一個觀念講「空」。《金剛經》全經五千多個字，卻沒有一個字是「空」。空是量子的觀念，所有緣起的本質存在著各種可能性，所以說「緣起性空」。有了緣起，既知性空，該如何面對呢？

二、兩把鑰匙是慈悲與智慧。「悲智雙運」尤為重要，光有慈悲心是不夠的，譬如，不善水性的人卻跳水救人，這是笨，不是慈悲。所以要懂得善用智慧。但只有智慧也不夠，就像作學術研究，若沒有實踐，只是空談。而人世間還存在著那麼多難以溝通的事，表示人們對於法的認識還很淺，還有很多需要學習。「心」要常存慈悲，對「事」要有正確的認識，才能有足夠的智慧解決問題。

三、三種修行層次。第一層是樂小法者（聲聞、緣覺）。樂就是喜歡，「聲聞」是來聽法的人，佛陀教導四聖諦「苦集滅道」。「緣覺」是從生活中體會到方法的人，佛陀教導「十二因緣法」。樂小法者修行完成的最高狀態叫作「阿羅漢」。第二層修行人是菩薩。喜歡幫助別人、發大乘心、自願參與他人的苦難。第三層就是發最大乘心的覺悟者（佛）。電影《駭客任務》（*The Matrix*）第一集，男主角吞了紅色的藥丸，開始進入個人的修行過程，企圖脫離虛假世界。最後死而復生，心靈獲得覺醒。第二集，他發現只有自我解脫是不夠的，他必須要幫助身旁的人脫離苦海，於是他進入第二層的菩薩境界。到了第三集，他發現全世界都是自己的一部分，根本沒有分別，唯有自覺、覺他（菩薩）、才能覺行圓滿（佛）。還有三種不同的心，指的是「過去心、現在心、未來心」。過去的你跟現在的你一樣嗎？一般人都執著於現在，有沒有可能時間是可以重疊的呢？或者根本沒有時間呢？當你能體會佛經的內容，汝心與佛心相連，就像談戀愛時的心心相印。於是，兩千五百年前釋迦牟尼所體悟的跟此時此刻的你相通，也就是說時間和空間重疊了。

四、四相指的是「我相、人相、眾生相、壽者相」。「相」就是型態，「我相」指的就是自己，「眾生相」就是你們與我之間的關係，這是在人的層次。「眾生相」就是你與萬物眾生之間的關係。「壽者相」就是壽命，生命與時間的關係。若從慈悲智慧的角度來看四相，就會更清楚《金剛經》講的「空」的意思了。

對「我相」的慈悲與智慧。你對自己慈悲嗎？其實並沒有，很多人饒不了自己。台灣有三分之二的人處於「亞健康」狀態，亞健康的人沒有病，但是情緒緊張、壓力大，時常一口氣呼不上來，累得要死卻睡不著。亞健康的人也想過得健康，為什麼自己的心不讓自己健康呢？因為智慧未開，看不透、放不下。人為什麼生氣？因為要讓自己受氣。人為什麼受苦？因為受的苦還不夠多。喜怒哀樂，情已可原，但要維持多久，你才會感到滿足？有感覺是好事，有感覺表示有自覺，有自覺就有機會增長智慧跟慈悲。

對「人相」的慈悲與智慧。我們對身邊的人有慈悲嗎？我們有沒有讓親朋好友擔心過？我們有沒有讓別人受氣？你對你最親近的家人有很好嗎？慈悲嗎？最糟糕的是恐怖分子假神之名，做出許多傷天害理的事。他們以為是神的代言人，其實就是自以為是的宗教野心家。

一九九三年，一名攝影師公開了一張在蘇丹拍的照片。畫面前方是一個瀕臨死亡的小孩，背景是一隻等待小孩死掉的禿鷹。這張照片轟動了全世界，也引發討論。這個小孩最後死了，有人批評攝影師為什麼不先救小孩，而是選擇拍照？後來這位攝影師也因為愧疚而自殺。很多自以為是的正義達人站在自己的角度評斷別人，萬一置人於死，心裡難道不會難過嗎？人與人之間的事，難道沒有更有善意與智慧的處理方法嗎？

對「眾生相」的慈悲與智慧。日本曾有個機器叫做電子雞，電子雞要定時餵養才能活，若電子雞死了那個機器也就壞了。電子雞是設計來讓小朋友學習生命教育。傳到台灣，台灣人就覺得日本人很笨，應該多設定一個reset，按一下，雞就會再活過來。結果，台灣的小朋友玩電子雞，看誰先把那雞弄死。天呀！善意出發，卻遭誤用。難道「通往地獄之路是由善意鋪成的」嗎？

在戲劇裡，如果你殺了老虎，你就是為民除害的好人。反之，如果殺的是一隻可愛小狗，你就變成欺負弱小的壞人。但是對眾生相的慈悲，無論殺老虎或者殺狗都是不應該。肯亞有一位動物養護員跟獅子的感情很好，這隻獅子是肯亞的國寶。沒想到這隻獅子卻被一個從美國來打獵的牙醫獵殺，還將剝了的獅子皮帶回國炫耀。類似的野蠻行徑至今仍四處可見，原來我們對眾生相也沒有那麼慈悲呀。如同美國副總統高爾所拍攝的記錄片《不願面對的真相》（*An Inconvenient Truth*），人類再不好好的保護環境，恐怕就要自食惡果了。

有慈悲心，要懂得運用智慧。在非洲，很多人死於瘧疾。美國有一位五歲小女孩凱薩琳，一邊看電視一邊數數，數到三十的時候就大哭。媽媽問她怎麼了？女兒說有人死掉了。電視上說非洲每三十秒就有一個人死於瘧疾。她跟媽媽說我們要做事情幫助他們。她的媽媽就上網去查，確實有個「只要蚊帳」協會在幫忙此事，只要用噴過殺蟲劑的蚊帳就可以保護不被蚊子咬，捐十塊錢就可以買一個蚊帳。於是，凱薩琳就捐了自己的零用錢十塊錢，媽媽幫忙把錢寄了過去。不久，協會的人打電話來給小女孩說她是基金會年齡最小的捐款人，還說如果捐滿十個蚊帳就可以獲得一張獎狀。於是，凱薩琳就把她的玩具全部拿去拍賣，小女孩覺得她捐蚊帳得到獎狀，別人買她的東西應該也要給獎狀呀，所以她就自己畫了獎狀。她又問媽媽，世界上的錢都到哪裡去了？媽媽笑說，都到比爾．蓋茲那裡了。於是，凱薩琳就寫了一封信，寄給比爾．蓋茲。後來比爾．蓋茲捐了三百萬美元給這個基金會，非洲有五五〇個家庭都收到了蚊帳。比爾．蓋茲基金會帶著凱薩琳去看她捐獻蚊帳的村莊，每個蚊帳的外面都有當地孩子寫上去的幾個字「凱薩琳」，這個村子後來被稱為「凱薩琳蚊帳之村」。將近百萬名非洲人因凱薩琳而免於瘧疾。

《聖經》說：「左手的做的好事，不要讓右手知道。」人要謙卑，不要說自己的好處（許多人總是急著自吹自擂，深怕別人不知道他做了什麼好事）。但是，左手做的好事，可以讓更多的左手知道呀！於是就會有更大的力量一起來成就好事。凱薩琳有慈悲、有智慧。她在樂捐蚊帳的二〇〇七年，我也在聖母醫院「募集二二〇人的愛心X光機」。只是她才六歲時，我已經四十多歲了，慚愧！

對「壽者相」的慈悲與智慧。愛惜我們的環境，心存善念，所有的東西都會變成好的。幫助眾生，但不能存有我在幫助人的想法，無條件的給予，那就是菩薩。其實，光是能把家庭照顧好，就是偉大的菩薩了。菩薩於法，應無所住。沒有一個固定的「方法」，不做只看得到的好事，像是微笑，就是布施。不要捨不得微笑、做好事，隨時隨地要有菩薩心腸。

「可以身相見如來不？」覺悟的人是什麼樣子呢？應該是人們會喜歡的模樣吧？譬如，許多人喜歡的電影明星布萊德．彼特，他是全世界公認的性感偶像，有人會想說如果他是我的另一半該有多好。那可不一定。其實你喜歡的是電影裡的那個角色，你並不認識真實的他。這就是重點，所有相、所有看到的都是虛妄，都是空相。為什麼是空相？因為過了這個時間就不是那個樣子，就像再過五十年，布萊德．彼特還會是帥哥嗎？如果你喜歡的是帥哥，那麼你就會失望了。所以說不要執著於外相。又譬如，相親跟自由戀愛是不一樣的，相親是以「有為法」在談戀愛，有為法是指在談戀愛前先看對方的存摺、瞭解其身家背景，條件好的才談戀愛。另一種是不看條件的自由戀愛，就是「無為法」的愛，純粹為了愛。當然這份愛未來還有可能會改變。可能是你、或對方、或外在環境等等。我曾經在一間學校演講時作過調查，我問有沒有班對？大概五、六對。我說：「老師要嚴肅的告訴你們，你們百分之九十九．九會分手。因為將來會分手，所以你們要好好珍惜現在一起的時間，彼此幫助彼此成長。」感情互相滋養是愛情故事，感情如果互相傷害就是戰爭故事。你們在家裡是情場還是戰場？通常贏了爭論，就輸掉了感情。或許此時需要的是一個擁抱，而不是講道理。你給的愛，有限度嗎？你期待的愛，是有條件的嗎？如果認清所有相都是虛妄的，所有事物也不可能永遠不變，所以當你說你願意一輩子跟一個人在一起，而他也願意一輩子陪著你，那真的需要很大的勇氣。

弟子問佛陀說，你講的這些內容一般人會相信嗎？佛陀回答：「**莫作是念。未來有持戒修福者，於此章句能生信心，以此為實，當知是人已於無量千萬佛所種諸善根。**」你們若願意相信，那表示你們都有福德因緣有善根，將來一定會很有成就而且家庭幸福。道理知道了，要去做！

剛剛講「非法相，即著我人眾生壽者」，做事情若有目的，就是「著相」，著「我人眾生壽者」相。譬如談戀愛，一開始只希望對方好，不會要求回報。後來著我人眾生壽者，可能就會計較。譬如，我今天請你吃三頓飯，你至少要回請我一頓吧。我陪你上

新竹教區劉丹桂主教陪同我前往一貫道佛堂演講《金剛經》。

教堂，你也要陪我上佛堂吧。佛陀說，如果你搭船渡了河，接著還要爬山，難道你還要扛著那艘船嗎？不會的。要放下，這就是智慧。有用的東西都要丟了，更何況是沒用的。我們內在有很多不好的情緒，外在有很多討厭的人事地物，我們要怎麼去轉化，變得自在安心？於是，你可以對自己好，就是我相。你自己好，旁邊的人就好，就是人相。人相好的話，你家的狗就不會因為你們吵架而害怕，眾生相也會得到平安。長久的平安，壽者相就會得到超渡。「如筏喻者，法尚應捨，何況非法？」《金剛經》這句話很重要。

要去幫助所有你看到的和看不到的眾生，而且幫助的時候，不能心存你要幫助他們的想法，有這個想法就不是菩薩。當你存在你要幫助人的念頭，你就不會是一個自在的人。菩薩在幫助人時，不能有我相、人相，不能有自我的想法，不能有你是黑人我是白人的想法，不能因為對方是不一樣的宗教而起分別心。如果有，那表示你距離覺悟者告訴你的道理還有很長的一段距離。

《金剛經》與「愛的真諦」

《聖經》說：「左手做的好事不要讓右手知道。」換成佛教《金剛經》的說法，就是不著「相」的慈悲：無我相、無人相、無眾生相、無壽者相（做好事不是為了自己、也不是為了特定的組織或團體、愛心要擴及一切生靈萬物，而且不局限於一時一地）。如同德蕾莎修女所說的：「愛到痛了，還要愛。」不也是菩薩「無緣大慈、同體大悲」的慈悲心腸？若能善用智慧，讓左手做的好事讓更多的「左手」知道，「福音」能傳得更遠，幫助更多人離苦得樂，覺有情。

所有前賢大德都值得我們禮敬。攝於一貫道佛堂。

隨喜功德品

第十八

若人於法會，得聞是經典，乃至於一偈，隨喜為他說，
如是展轉教，至於第五十，最後人獲福，今當分別之。
如有大施主，供給無量眾，具滿八十歲，隨意之所欲。
見彼衰老相，髮白而面皺，齒疏形枯竭，念其死不久，
我今應當教，令得於道果，即為方便說，涅槃真實法，
世皆不牢固，如水沫泡焰，汝等咸應當，疾生厭離心。
諸人聞是法，皆得阿羅漢，具足六神通，三明八解脫。
最後第五十，聞一偈隨喜，是人福勝彼，不可為譬喻。
如是展轉聞，其福尚無量，何況於法會，初聞隨喜者。
若有勸一人，將引聽《法華》，言此經深妙，千萬劫難遇，
即受教往聽，乃至須臾聞，斯人之福報，今當分別說。
世世無口患，齒不疏黃黑，唇不厚褰缺，無有可惡相，
舌不乾黑短，鼻高修且直，額廣而平正，面目悉端嚴，
為人所喜見，口氣無臭穢，優缽華之香，當從其口出。
若故詣僧坊，欲聽《法華經》，須臾聞歡喜，今當說其福。
後生天人中，得妙象馬車，珍寶之輦輿，及乘天宮殿。

若於講法處，勸人坐聽經，是福因緣得，釋梵轉輪座。
何況一心聽，解說其義趣，如說而修行，其福不可量。
——《法華經‧隨喜功德品第十八》

《法華經‧隨喜功德品第十八》告訴我們，分享《法華經》的喜悅，功德無量。如同為其他宗教團體所作的服務成就而歡喜，也會得到功德。

某日下午，我在山下等公車回家，等了很久，等得我心不在焉。忽然聽到一個婦人叫道：「少年仔，你要不要搭便車？」

我這才回神，發現一輛大型的垃圾車停在我身邊，聲音來自坐在駕駛座旁的大姐。「是你呀！」我認出她了，她是經常到我們社區收垃圾的清潔人員。我和她見面的唯一機會就是倒垃圾的時間，每次打個招呼、丟完垃圾，前後大概五秒鐘，但就是認得了，有緣嘍。

大姊說：「但是我們的車子很臭，你敢會介意？」

「怎麼會？感謝都來不及了。」我隨即跳上車、坐定，車子重新開動，我發覺大姊和司機大哥的臉上有欣慰的表情。我們胡亂地聊東聊西，我也開始聞到陣陣刺鼻的臭酸味，愈來愈難受了，開始有作嘔的感覺，我連忙換用嘴巴呼吸，只見大姊還笑嘻嘻地說著她剛才的不好意思。

忽然，我覺得好感動呀！人們常說「己所不欲，勿施於人」，可是我們卻每天製造大量不要的垃圾丟給別人，醫院裡的廢棄物更是讓人避之唯恐不及，幸虧有這些清潔人員，他們在我們都不喜歡的、危險的環境裡為我們服務。

忽然間，我瞭解了《聖經》所言：「凡你們對我這些最小兄弟中的一個所做的，就是對我做的。」（〈瑪竇福音〉25：31-46）而這些最小兄弟對我所做的，就是神對我做的。

咫尺天涯到天涯咫尺

——第一次基督宗教與道教民間信仰的對話

天堂與人間究竟相隔多遠？生命的向度又該如何衡量？仰望浩瀚無垠的星空，俯首自省，你找到神了嗎？找到真理了嗎？

若有心，海上生明月，天涯共此時。

一起尋找真理

在空間上，梵蒂岡與台灣相距萬里。在時間上，耶穌基督降生人間與保生大帝（979-1036）誕生相隔千年。看似毫無交集的東西方兩種信仰，二〇一六年十月十五、十六日在台北市大龍峒保安宮舉辦了一場「一起尋找真理：基督徒與道教民間信仰者的對話」國際學術研討會。這是有史以來梵蒂岡與台灣第一次針對天主教與道教的對談，天主教動員了梵蒂岡、亞洲以及台灣三個層級的宗教交談委員會的主要神職人員，包括梵蒂岡主教阿尤索、香港教區主教湯漢樞機等超過百人參與盛會。鍾安住主教致詞時首先表示慚愧，他說儘管大家都在台北，但是在場的神父們幾乎都沒有來過保安宮。他感謝這次的交流機會，讓神父們知道原來保安宮曾多次幫助過天主教，捐款給羅東聖母醫院及台東聖母醫院，甚至幫助增添醫療設備。

保安宮擁有兩百七十年歷史，主祀道教保生大帝。在保存及修復台灣文化古蹟上不遺餘力，二〇〇三年獲聯合國教科文組織（UNESCO）頒發「亞太文化資產保存獎」，是台灣民間團體第一例，也是至今全台唯一。二〇一四年再獲選國家文化資產保存獎的「保存貢獻獎」，在傳統廟宇文資保存上的貢獻受到多方肯定，因此獲得梵蒂岡關注，選定保安宮作為開啟道教交流的第一站。

保安宮董事長廖武治表示：「梵蒂岡選擇保安宮作為一起尋找真理的夥伴，不是偶然的，保安宮信奉的主神保生大帝是醫神，祂慈悲濟世，跟耶穌博愛世人、追求和平的精神不謀而合。」

本次研討會共分「生命過程是生命賦予者的經驗」、「經典中的神觀」、「與神溝通靈修經驗」、「禮儀－敬神、向神祈禱」以及「增進和平與慈悲的具體宗教交談措施」等五個子題，每一場次雙方皆有兩位代表分別詮釋，供與會者瞭解兩宗教的概況。

首先，陸達誠神父針對靈修者的生命經驗舉了一個很生動的例子。

「仁愛修女會的母院位於加爾各答，一天早晨，一位在廚房工作的初學修女跑來告訴德蕾莎修女，說今天已經沒有麵粉來準備午餐了，而一個半小時之後，三百多位外出工作的修女都將回來吃飯。你猜德蕾莎修女怎麼做？她並沒有拿起電話找恩人求救，她的反應自然而毫不做作，她說：『修女，這個星期是你在負責廚房的工作？那麼，現在進入聖堂，告訴耶穌我們沒有食物了。這件事已經解決了。現在，讓我們繼續，下一步該處理什麼事情。』十分鐘之後，門鈴響起，一位素昧平生的男子手持剪貼板站在門口，說：「德蕾莎修女，我們剛被告知本市學校教師正在舉行罷工，學校都停課了，現在有七千份午餐不知道該怎麼辦，你能幫助我們處理這些午餐嗎？」

這是德蕾莎修女諸多的生活經驗之一。事實上，沒有人曾兩次踏在同樣的河水中，每個人或多或少的某些奇妙經驗，連結成為自己獨特的生命印記。哲學家德日進（Pierre Teilhard de Chardin, 1881-1955）曾說：「我們不是具有靈修經驗的人類，我們是具有人類經驗的靈修者。」基本上，泛神論的思想和基督信仰是不相容的。但對於一位有人類經驗的靈修者，該如何看待其他人的生命經驗呢？似乎陷入兩難。

兩難的抉擇？

信仰虔誠的阿姨，帶著小朋友們到家門口，問：「你站在門中間，如果進了門，你的爸爸會死；出了門，你的媽媽會死。你該怎麼辦？」

小朋友們天馬行空回答：「跳起來呀！」「變隱形呀！」「不要進去也不要出來。」還有小朋友當場哭了。只見小弟平靜的說：「我會在門口自殺。」

我很驚訝，六歲的小弟竟然會講出這樣的話。

《大唐西域記》記載，佛陀的弟子阿難去世前，預先托夢給彼此敵對的兩國國王，他將在恆河涅槃。兩國王知悉後，隨即帶領大批兵馬趕往恆河，意欲取得阿難遺骨返國供養。當他們抵達恆河岸時，只見阿難坐著船在河中央。對峙在兩岸的國王各自叫喊著：「阿難尊者，來我們這裡吧！」

端在船上的阿難，說：「我考慮了你們兩國的怨恨，所以才特地來此入滅，我的身體讓你們兩國各得半身！」說完後，阿難飛至恆河上空，進入涅槃，火化後的舍利被分成兩半，給兩國建塔供養。兩國因此釋嫌修好，不再打仗。

陷入兩難，選擇自我犧牲。從此我稱呼小弟「阿難」。

我自問，面對兩難，我該如何？

是的。我會努力把這個門消融。

怎麼做呢？要對話、要交流。位於屏東的萬金聖母每次繞境，各地寺廟的陣頭都會列隊出迎。寺廟住持說：「天主教在台灣做出很多貢獻，聖母值得我們一起出去迎接。」聖母瑪麗亞和天上聖母媽祖就像玫瑰，即使稱呼不一樣的名字，她依然芬芳。於是，宗教交流在彼此尊重中呈現出更加璀璨的光彩。

基督教協會宗教教壇委員會的執行長潘尼爾（Rev Dr. Peniel）以禪宗「以手指月」的圖像，說明天主在經書中的顯現所作出的回應。他說：「我們的手所指的月亮，不等於月亮本身。」面對天主與人的互動，天主也正在問我們：「這是人們如何聽說我、看見我、回應我的方式。我賜給了他們各種恩寵與禮物，他們如此回應了我。你呢？」語言、文字、圖像都是有限的，換言之，我們無法絕對完整地掌握基督徒經書中天主的所有顯現。或許藉由與不同宗教的對話，可以幫助我們更加認識自己的信仰。

建立宗教語言的溝通基礎

台灣地區主教團宗教交談委員會執行秘書鮑霖神父提到他的一個教學經驗。他教導同學認識天主教，然後請同學說明何謂「受洗」。同學便以書裡讀到的天主教語言回答。鮑神父問他是否真的瞭解自己所說的話？「若是以你自己的信仰，你又是怎麼看『受洗』？」學生的回答就有趣了，他說受洗就像是戶口登記，有受洗的就是登記成為基督徒。

確實，為了避免宗教交談流於各說各話，或者出現類似「護教」的爭辯，交談者本身確實需要一些訓練與培養。不要急於說明自己，而是要先「聆聽」對方。台灣宗教交談的先驅馬天賜神父曾說：「從前我們談的是『傳教』，現在我們談彼此幫助，分享文化、信仰。你在我內，我在你內。所有宗教團體的領導者都同意，要瞭解別人的信仰才能有交談，多數人會從這方面開始，然後再更進一步。深刻交談要彼此都能有所感動才有辦法，不同信仰的人生活在一起，按著自己的傳統，卻沉浸在同樣的靜默之中。」

這個態度也呼應了另一位講者新加坡宗教交談委員會副主席德蕾莎（Sr. Theresa Seow）修女所報告的內容：「要在這樣一個時代中發現神，我們得做一些準備。就是在自己的內心深處提供一個空間，好讓神隨時能在祂的時間裡顯現自己……所謂相逢在寧靜中。」

亞洲宗教交談委員會的主任委員菲利克斯主教展現了相當好的宗教交談態度，他是馬天賜神父的多年好友，他以開放的態度被其他宗教所接納，同時可以清楚地表達自己信仰的立場，所以他有許多不同宗教的好朋友。更重要的是，他也被自己團體的人所瞭解，不至於被誤解成為「不是一個好神父」。我的天主教朋友曾對我說，馬天賜神父一定很希望能為我領洗。我把朋友的說法告訴馬神父，馬神父說他從沒有過這樣的想法。他說：**「宗教交談的目的不是為了傳教，而是藉由不同宗教的對話來彼此學習。天主對你有不一樣的恩惠。」**這句話讓我感動至今。

不一樣的恩惠也發生在陳德光教授的身上，他得以有機會同時接受葛利果聖歌與古琴的薰陶，從東西方的靈性音樂中體會到「天人合一」、「行到水窮處，坐看雲起時」的境界。

最後一位發表論文的林之鼎神父更是做了一個絕佳的示範，他「由基督徒眼光所理解的道」，以道教「道—神」的語言，連結天主教「聖三」的神學觀念，幫助天主教徒認識道家的神學觀念，當然更有助於建立彼此對談的基礎。

因為有「愛」，所以我們在不同信仰者身上看到天主的肖像。

農曆七月要不要普渡？

有位學員問了一個有趣的問題，引起熱烈討論：「天主教醫院在農曆七月適不適合做普渡？」

林之鼎神父以普渡的意義切入主題。沒有人祭祀的孤魂野鬼才會出來鬧事，孤魂野鬼就是跟我們都沒有關係的靈魂。但是三位一體和陰陽都是有關係的，即使不講，關係還是存在的。天主教為所有亡者祈禱，這是天主教早就在做的事情。四月清明節為祖先祈禱紀念，甚至為沒有人紀念的往生者祈禱，十一月煉靈月更是用一整個月的時間為不能直接

這麼多天主教神父齊聚保安宮，這是歷史上的第一次。

天主教動員了梵蒂岡、亞洲以及台灣三個層級的宗教交談委員會的主要神職人員。

不同信仰的表達方式頗為不同。（攝於宜蘭道教總廟三清宮）

天主教聖母繞境。

上天堂的亡靈祈禱。天主教很重視這些亡靈，但應該與民間信仰做的普渡有所區隔。

林之鼎神父說：「道教儀式更強調『悔改』，悔改表示重新建立適當的關係。天主教也非常強調悔改，悔改什麼呢？悔改到天主的愛之內，與天主適當的關係，就會天下太平，得到天主源源不斷的祝福。」

道教的謝貴文教授表示，中元普渡最早來自三元信仰，天官、地官、水官，對應上元、中元、下元，後來佛教〈盂蘭盆經〉傳入，普渡也融入了佛教的儀式。佛教是外來宗教，也能接受中元普渡的儀式。天主教未嘗不可思考一下，中元普渡時天主教可以做一點什麼，應該對於天主教的傳播會很有幫助。

其實天主教是有做什麼的。宗座宗教聯絡委員會顧問周景勳神父以輔仁大學的經驗為例，從民國六十幾年以來，于斌樞機主教、羅光主教每年都在輔大祭祖，他在香港每個月都做一台彌撒，彌撒後有公祭祭祖，即是融入了中華文化對於普渡的概念。

洪山川總主教更是以積極面來看待普渡，畢竟台北教區內有三家醫院，九〇％以上的員工都不是天主教徒，他需要幫助他們認識天主教對於鬼月和普渡的態度。洪主教說：「我是怎麼解釋的呢？我們害怕的不是鬼月，是歲月，歲月無情，但是鬼月是有情的。中國人都說不孝有三，無後為大，不是說沒有生孩子就是不孝。沒有後人來拜你，這才是一般人最擔心的。這也是為什麼很多人不敢信天主教或基督教，他們害怕不能燒香，他們不知道天主教是燒香來祭拜祖先的。我一直認為農曆七月是台灣人表達博愛精神最巔峰極致的時候，因為他們在拜那些沒有人祭拜的先人，我們稱孤魂野鬼，在天主教而言，他們都是靈魂，天主教特別在十一月想念並祭拜祖先。面對七月，我們應該以積極的態度來看，而不是消極的。**消極的態度是我害怕孤魂野鬼。積極的態度是我們來幫忙祭拜沒有人祭拜的祖先。**」

這不就是慈悲嗎？無緣大慈、同體大悲。於是，我們看到羅東聖母醫院停車場旁有「院公院母祠」，湖口仁慈醫院每年農曆七月舉行天主教式的普渡。

阿尤索主教表示，世界渴望和平，但很多國家的人民仍被戰爭折磨，留下痛苦、貧窮，透過這次研討會雙方的交談，彼此有更深入瞭解後，可以互利合作，共同提倡價值，產生的珍貴果實就是和平，而不是不擇手段改變對方，落入對立。

今年是《教會對非基督宗教態度宣言》（*Nostra Aetate*）發布五十週年，其精神表達對非基督教信仰關心與友好，這是天主教會對於其他宗教態度與評價的重要里程碑。因此，教宗特別將今年訂為「慈悲禧年」，要以慈悲彼此相待，促進與其他宗教相遇，開啟更熱切的交談，好讓彼此更能知己知彼以消弭各種不尊重，驅除各種暴力和歧視。不過，跟兩千年的天主教歷史相比，這項宣言畢竟太新了，我們都還在學習。

若有心，若有愛，天涯不過咫尺。若無心，若無愛，咫尺也是天涯。

保安宮擁有270年歷史，主祀道教保生大帝，是大龍峒的文化與信仰中心。

法師功德品第十九

復次，常精進，若善男子、善女人，受持是經，若讀、若誦，若解說，若書寫，成就八百鼻功德。以是清淨鼻根，聞於三千大千世界、上下內外種種諸香，須曼那華香、闍提華香、末利華香、瞻卜華香、波羅羅華香，赤蓮華香、青蓮華香、白蓮華香，華樹香、果樹香，栴檀香、沉水香、多摩羅跋香、多伽羅香，及千萬種和香，若末、若丸、若塗香，持是經者，於此間住，悉能分別。

又復別知眾生之香，象香、馬香、牛羊等香，男香、女香、童子香、童女香，及草木叢林香，若近、若遠、所有諸香，悉皆得聞，分別不錯。

持是經者，雖住於此，亦聞天上諸天之香，波利質多羅、拘鞞陀羅樹香，及曼陀羅華香、摩訶曼陀羅華香、曼殊沙華香、摩訶曼殊沙華香、栴檀、沉水、種種末香，諸雜華香，如是等天香、和合所出之香，無不聞知。

又聞諸天身香，釋提桓因、在勝殿上，五欲娛樂嬉戲時香，若在妙法堂上、為忉利諸天說法時香，若於諸園遊戲時香，及餘天等、男女身香，皆悉遙聞。如是展轉、乃至梵世、上至有頂、諸天身香，亦皆聞之。並聞諸天所燒之香，及聲聞香、辟支佛香、菩薩香、諸佛身香，亦皆遙聞，知其所在。雖聞此香，然於鼻根不壞不錯，若欲分別為他人說，憶念不謬。

——《法華經・法師功德品第十九》

聽聞、理解、修習《法華經》的法師，在證悟的過程中充滿法喜，眼、耳、鼻、舌、身、意，產生深層的轉變與淨化，看得到、聽得到、聞得到、嚐得到、觸得到、體會得到過去所不能到達的境界，能深觀萬物與諸法的真實本性，最終達到意根與心理認知的轉化。

於是，法師只需聽聞經中的一字一句，即能完全理解一切經典，一法通，則萬法通，無需皓首窮經，鑽研三藏。而其所作所為、所言所行，所有念頭，無一不是佛法，所教導的內容，皆是諸佛所教。

芳療是一場美麗的修行

「芳心好美」是二〇〇九年聖母醫院參與八八風災救災的計畫名稱——「芳」療界一群有「心」的「好」人合力做的「美」麗的事。當一無所有的災民吃不下、睡不著，他們並不想看醫生吃安眠藥，反而來排隊來接受芳療按摩，有人當場睡著了，有人因為放鬆之後哭了。同時，芳療也開始進入安寧病房，我們教一名癌末病患的家屬幫母親塗油按摩，家屬告訴我們：「謝謝你，媽媽是帶著香氣離開人間。」另一名癌末的修女因芳療獲得睡眠品質的改善，臨終前她告訴所有修女：「你們要聽主教的話，都要去學習芳療。」許多人用生命告訴我們「芳療」是對的路，我們也在多次的評鑑中因「芳療」而獲得實質的肯定，芳療確實讓聖母醫院更有「幸福感」！我們看到了芳療在全人照顧的成效，也符合醫院推動健康促進的目標，決定更有系統的擴大運用芳療。

然而，窮人醫院似乎很難和一般人認為的「貴婦人享受」連結在一起。至於人在哪裡？錢在哪裡？精油在哪裡？誰來做？怎麼做？許多大城市的大醫院都很難做了，一個鄉下小醫院怎麼可能辦得到？感謝天主！我們在許多單位的齊力協助下，以三年半完成了以下的成績：訓練出八名合格芳療師、三十多名芳療志工、發展出醫療院所專用精油，有一萬三千人次的臨床見證，針對肩頸痠痛、腹脹、便秘、皮膚、情緒、肌肉骨骼等症狀的舒緩，有百分百的肯定度、六成滿意度。這是台灣有史以來，芳療實際運用在醫療院所最大規模與最完整的本土資料。聖母醫院並於二〇一三年成立了專門服務老人、病患和照顧者的「芳心好美」芳療館，以芳香陪伴人們進入生命的修行。

隔年，香港芬芳學堂邀我演講，我便以「〈心經〉與芳療」為主題，分享這幾年從醫療與健康的角度，反省內在修行的體驗。她們說不曾在華人世界聽過這主題，很難想像兩者之間的關連，學員們都很期待。其實，我何嘗不是？備課過程我充滿法喜。

香港是個商業競爭非常激烈的地方，但這群學習芳療的學生卻在台灣發生災難時無私地提供資助，人溺己溺，維持著清淨心在紅塵俗世裡修行，渴望靈性成長，期待「自覺、覺他、覺行圓滿」，這不正是修行？我發現，芳療是一場美麗的修行，以植物的能量幫助個人和他人身心靈平衡，活得更健康。

但是什麼是健康？生病是身體出了問題、還是心理、抑或靈性？是外在環境的染著？是前因、還是後果？身體生病時我們找醫師，心理不健康時找心理師，靈性不健康呢？找神職人員或求神問卜？但這些治療方法有沒有局限？治療師的本身健康嗎？他們如何自我保護？他的支持系統又在哪裡？而芳療師面對的大多是這些身體充滿負面能量的不健康的人，芳療師如何自我保護？芳療師提供的能量是正面的嗎？我曾以

「給二十一世紀芳療師的備忘錄」為院內學習芳療的同仁們加油打氣，他們將來勢必會接觸到很多不健康的人，除了外在的專業技能，「你們內在的身心準備好了嗎？你們願意以開放的心去『愛』陌生人嗎？你們有同理心願意去「傾聽」對方的心聲嗎？你能否溫柔地去對待別人？你是別人生命中的禮物、還是垃圾？」這涉及了許多「心」的問題。

但是，心在哪裡？心痛是心臟病了？還是理性上想不通？痛的地方在哪裡呢？〈心經〉正是佛教最重要的談心經典。至於《天龍八部》中的乾闥婆以香為食（香神）、觀世音菩薩手持楊枝淨水（純露）、藥師佛手捧藥草、氣卦與阿輸吠陀、聞香悟道的香積國，在在說明芳療與佛教有很深的關連性。

〈心經〉，短短二六〇字，濃縮了六百卷《大般若經》的精華，義理深遠，念誦者最多，體會者恐怕有限。〈心經〉是般若會的核心，是悉達多王子悟道的心路歷程，是觀世音菩薩「覺有情」的最深體會，是唐三藏法師玄奘冒險前往西天取經的救命寶典，當然也是影響我生命最重要的一部經。〈心經〉從人的境界談到諸佛菩薩的境界，觀察內在與外在的互動，色受想行識五蘊皆空、眼耳鼻舌身意、色聲香味觸法，乃至於解悟空性、破除執著，開啟生命的種種可能性，充滿詩意！我舉了一個海鮮麵的例子。

好友請我到一家擺飾典雅的海濱餐廳用餐，燈光美氣氛佳，海鮮麵的滋味好極了。

試想，若換成與你不喜歡的對象一起用餐，這海鮮麵好吃嗎？若餐廳位置位於垃圾場旁邊，這海鮮麵好吃嗎？若服務生擺個臭臉，這麵好吃嗎？若將餐盤換成免洗餐具甚至將麵裝在塑膠袋裡吃，這麵的滋味還一樣嗎？若換成是你的愛人，但忽然一言不合，這海鮮麵好吃嗎？是人變了，還是麵變了？是旗動、風動，還是人心在動？萬法唯心造，原來一切都是「心」的問題。

心的修練，從觀察開始，然後清楚認識原來如此。心一旦打開了，心還是心，但此心已非彼心。於是乎，十二因緣互為因果，輾轉流息。若不強求緣分，不抱希望便不會有失望，於是「心無罣礙」；接受所有緣分，體察緣起緣滅的變異，不加以判斷便不再有傷害，於是「無有恐怖，遠離顛倒夢想」；當你發現苦不再是苦，其實是心靈的成長機會，正如腐土可以滋養出美麗的花朵，那是一場深奧的心靈煉金術，緣分只能珍惜，愛會自給自足的。更奇妙的，只要你不放棄自我，生命自然會圍成一個完美的圓。從小我的心連結到大我的心，你變成融入生命大海的一顆露珠。而當美好的涅槃境界來臨，或許你會發現是生命大海融入了你。

呵！我們與神同在！可知你是包藏在凡俗肉體中的聖靈，世界上沒有任何一個人與你是一樣的，你是如此獨特、唯一，也正因為人的獨特性，讓人際之間可以激盪出豐富的生命光彩。「神愛世人」但是你愛自己嗎？你曾為你的身體、心理或者靈性做了什

因相愛，我們合力做美麗的事。

2009年大水沖毀了台東金峰鄉嘉蘭村。

受到芳療照顧的災民，臉上表情有發自內心的喜悅。

麼？「法」，有些可說，有些不可說，更多的是沒法說，語言、文字不過是幫助我們解脫的方便法，重點不在於理智上的瞭解，而是內心真實的領悟，從而擴大、改變你對生命看法的寬度與深度，擁抱其中的衝突，欣賞其中的奧義，以心印心，一念成佛（覺悟）。

常不輕菩薩品第二十

爾時有一菩薩比丘、名常不輕，得大勢以何因緣、名常不輕，是比丘、凡有所見，若比丘、比丘尼、優婆塞、優婆夷，皆悉禮拜讚歎，而作是言：「我深敬汝等，不敢輕慢。所以者何。汝等皆行菩薩道，當得作佛。」而是比丘、不專讀誦經典，但行禮拜，乃至遠見四眾，亦復故往禮拜讚歎、而作是言：「我不敢輕於汝等，汝等皆當作佛。」四眾之中，有生瞋恚心不淨者，惡口罵詈言：「是無智比丘，從何所來？自言我不輕汝，而與我等授記，當得作佛，我等不用如是虛妄授記。」如此經歷多年，常被罵詈，不生瞋恚，常作是言：「汝當作佛。」說是語時，眾人或以杖木瓦石而打擲之，避走遠住，猶高聲唱言：「我不敢輕於汝等，汝等皆當作佛。」以其常作是語故，增上慢比丘、比丘尼、優婆塞、優婆夷，號之為常不輕。

——《法華經．常不輕菩薩品第二十》

常不輕菩薩修行的最大的特色是，從不低估或懷疑眾生成佛的能力。他會恭敬的對每個人說：「你的價值非凡，你是未來佛，我在你身上看到成佛的潛能。」常不輕傳遞出無比希望與自信的訊息，鼓勵了所有自以為一無是處的人，一定可以活出愛、一定可以覺醒。常不輕不是講客套話，而是由衷地認為你會成佛。有人歡喜接受，但也有人聽了很不爽，反唇相譏，你哪位呀？你是佛嗎？竟敢對我授記？於是他們嘲笑、怒罵、驅趕常不輕。常不輕卻依然恭敬的說：「你會成佛！」

宗教交談的先驅、曾任耶穌會總會長的雅魯伯神父（Pedro Arrupe, S.J., 1907-1991）寫過這麼幾段話：

「在他人身上感受到自己，在自己身上感受到他人，接納他人同時被他人接納，這是一個最完美的理想；特別是當我知道他人是天主的居所，每個人都是天主的居所，而基督在每一個人內，在他內受苦，在他內愛，在他內等待著我。」

「天主在每一個人內，用祂的愛等待著我，這是一個我無法忽視的召喚，天主在他人內接受我們對祂的愛。在我生命中臨在的每一個人超越地成為天主的一種臨在；而我對他們的接受就隱微地成為我對天主的接受。」

每個人都是天主的化身？你真的相信嗎？如此一來，我們與不同宗教信仰者的交談，不也是和天主的深度對話嗎？

天主教的常不輕菩薩
——馬天賜神父

「可敬的世賢」，這是我第一次收到馬天賜神父傳真時他對我的稱呼。我覺得很不好意思，我何德何能配得上「可敬」這兩個字？他告訴我，我願意承擔，絕對是可敬的。記得有一次他向別人介紹我時，又用了許多比「可敬」更可怕的讚美，我笑著告訴對方不要相信馬神父的話。馬神父表情嚴肅地說：「神父是不能說謊的！」為了這句話，我只好努力去做到讓自己搆得上「可敬」。我在這位可敬的神父身上好像看到了《法華經》裡的常不輕菩薩。

馬天賜神父一九二七年生於法國，一九五九年來台服務，主要在耕莘文教院負責「宗教交談」的工作。他熱情洋溢，又極為細心，他把大半的生命都奉獻給台灣，常跟我開玩笑說他待在台灣的時間比我還久；我也笑他是流著法國血液的台灣人。

他總是把別人的事情擺在第一位，特別是涉及到需要各宗教共襄盛舉的活動串聯，沒有人比馬神父更能讓人信任了。一九九四年馬神父聯合天帝教、佛教、基督教、天主教成立「台灣宗教與和平協進會」並擔任兩屆理事長，由於主要成員皆為各教派的負責人，故能發揮極大的影響力。目前幾乎所有台灣的重要宗教團體皆為會員。不同宗教間的合作在九二一地震發生時，發揮了最大的成效，而各宗教聯合組成的「陪伴連絡網」，更是馬神父用兩條腿一步一步走出來的。猶記得初見時他的神采奕奕，印象最深的是他那頭白髮和破舊的黑皮包、九二一大地震時他奔走於各宗教團體的憂心忡忡、還有躺在美國底特律病床上奄奄一息的老神父、還有那一晚他杵著枴杖爬了六層樓梯到我家，我們一起吃火鍋、烤地瓜，他滿足欣喜地問我：「這裡是天堂嗎？」

二〇一〇年，馬神父病逝於台北。是呀！你要回天堂重生了。剛得知消息時，我人在台東，並沒有感覺到太大的悲傷，畢竟他躺在床上已經兩年了，老病的身軀早已不堪老馬恣意奔馳。該走的時候就走，也是一種解脫。再說，人總會遇上這一天，有什麼好捨不得的。

馬天賜神父殯葬禮的當天，單國璽樞機主教親臨主持。他比馬神父大四歲，兩人曾一起合作推動亞洲地區的宗教交談。當天，單樞機穿著一身紅色禮服，他說，紅色是喜氣，以天主教的說法，馬神父現在要回到天堂，是重生的好日子，要慶祝。而且馬神父喜歡中國文化，若以中國人的算法，他今年應該是八十四歲高壽，壽終正寢，大家更應該歡喜。

單樞機娓娓道來他與馬神父的多年情誼，尤其兩件天主特別為馬神父安排的「神恩」：一是讓馬神父聽見「聖召」當神父，二是「宗教交談」。曾有教友提醒單樞機，說：「小心你們那個馬神父要剃頭出家當和尚了！」畢竟宗教交談並非所有人都能瞭解，包括神職人員。從事宗教交談要具備三個條件，首先要「尊重」，不要去爭辯誰的宗教比較好，也不要去堅持彼此不同之處；第二是「瞭解」，多去聆聽別人的靈修經驗，彼此學習，加深印證自己的靈修深度；三是彼此「合作」，為世界做出更大的貢獻。天主為馬神父的安排，確實開拓了許多天主教徒從未經驗過的新天地，也深深影響了許多人的一生，包括當天來參加馬神父殯葬禮的許多不同宗教人士，當然還有我。

馬神父的妹妹從法國來台送大哥最後一程。她在致辭時說父母親經常向兄妹們提起這位在遙遠國度奉獻一生的大哥、神父，彷彿在講遙遠的傳說一般。

一九七五年，馬神父到羅馬開會，順道回法國替弟弟剛出生的小孩受洗。距離他上一次回到法國已經七年了。洗禮儀式當天，馬神父的父母親和全家人都到場聆聽他們家的神父講道理。馬神父以《羅馬書》的一段話：「你們是在基督的死亡中受洗。」解說洗禮和耶穌死亡的密切關係，馬神父說：「難道你們不知道我們受過洗歸於基督耶穌的人，就是受洗歸於他們的死亡嗎？」

在出生洗禮的儀式中談死亡，換作是中國人傳統的觀念，這就是觸霉頭，但是馬神父認為他必須將最寶貴、最真實的道理報答家人，尤其是這麼難得的機會，他不清楚家人會有什麼的反應，沒想到父母親走上台前，很贊同他的講道內容。父親對他說：「請神父告訴你的弟妹，如果有一天我們比你們早一點死亡，你要記得，你今天所講的這些話，將使我們可以非常平安地離開人世。」

沒想到六天之後，馬神父的父母親發生車禍，兩人當場死亡。馬神父接獲警方通知後隨即趕到殯儀館認屍，父母親的身體在嚴重撞擊下血肉模糊。馬神父不讓家人進停屍間，以免破壞他們心中對父母親的完好回憶。他獨自一人，含著淚，守在父母親身邊，為他們祈禱，為他們清洗身體。只因父母親在洗禮儀式當天跟他說的話，讓他平安地接受這個痛苦。梳洗罷，他一一親吻他們的臉，這是最後一面了。

父母親的追思儀式由馬神父主持，當天來了許多父母親生前的親朋好友，面對這場突如其來的意外，大家不免哀傷。其中一位老婦人站起來與大家分享，她曾經參加過這對夫妻的婚禮，並清楚記得結婚當天新郎與新娘所表達的三個願望：「一願他們的長子可以當神父。二願在婚姻生活中相互扶攜、相敬如賓。三願可以一起離開人世。如今他們的美夢成真，你們有什麼好難過的呢？」

馬神父的妹妹說有這樣的大哥，她們全家都與有榮焉。是呀，有這樣的朋友，我們也都與有榮焉。馬神父是天主揀選的人，天主將他賜給人間，如今天主將他接回天國。

「不知道天國有沒有圖書館？」有一次馬神父問我。他的辦公室裡擺放了許多不同宗教的典籍，包括他始終沒有完成的「何仙姑」論文，因為他沒有那麼多時間讀書。我說：「應該有吧！你先走或我先走都沒關係，到時候我們相約在天堂的圖書館一起讀書。」他微笑地點了點頭。天主對馬神父確實有不一樣的安排，祂讓他不得不放棄碩士論文，全心力投入宗教交談的實踐。正如馬神父鼓勵鮑霖神父繼續攻讀學位，卻不鼓勵我。我問他為什麼？他也是這麼說：「天主對你有不一樣的安排。」

我與幾位馬神父的宗教友人一起扶棺，都是「交心」的好朋友。那些年我們一起為宗教交談經驗過的感動、喜悅、眼淚紛湧而至。驀地，我彷彿感覺到馬神父棺木的重量。

詹姆士．泰勒（James Taylor, 1948-）曾在奧斯卡頒獎典禮以一曲〈我這一生〉（In My Life）獻給已逝的明星，並回顧他們在人間最精彩的身影。可敬的馬神父，這首歌也是獻給你的。

There are places I remember
All my life though some have changed
Some forever not for better
Some have gone and some remain

All these places have their moments
With lovers and friends I still can recall
Some are dead and some are living
In my life I've loved them all
But of all these friends and lovers
There is no one compares with you
And these memories lose their meaning
When I think of love as something new
Though I know I'll never lose affection
For people and things that went before
I know I'll often stop and think about them
In my life I love you more
Though I know I'll never lose affection
For people and things that went before
I know I'll often stop and think about them
In my life I love you more

In my life I love you more

有些地方我一輩子都不會忘
雖然有些已經變了
有些永難忘，卻未必是美麗的
有些消失了，有些還在
這些地方都有其特定片刻
讓我想起愛人或朋友
有些已死，有些猶生
但都是我一生鍾愛
然而那些愛人或朋友
卻無人可與你相比
當我又有新愛騰燒時
這些回憶或許已無新意
但我知道我並不會因此
失去對過去人事的愛戀

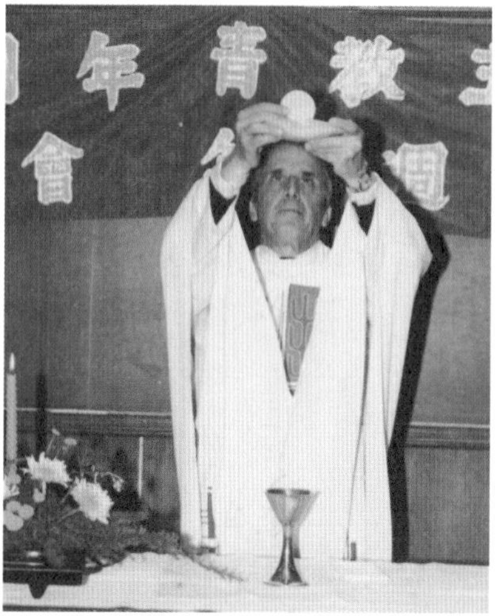

馬天賜神父主持彌撒。

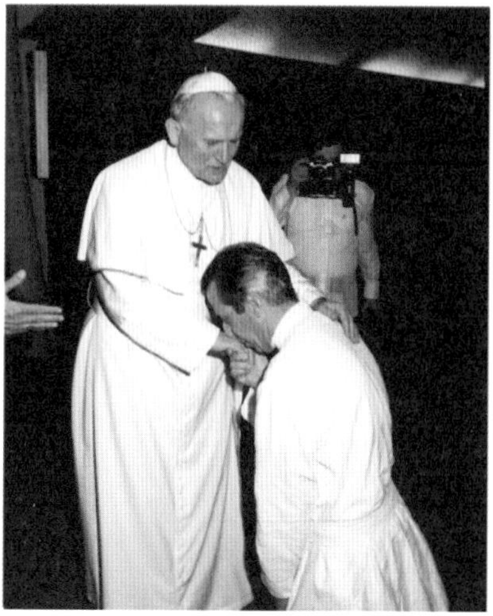

天主教教宗若望保祿二世與馬天賜神父。1980-1995年馬神父擔任「教廷宗座與各宗教對話委員會」顧問。

馬天賜神父、丁松筠神父與聖嚴法師。

我知道我常會停駐下來回想他們
我這一生，會更愛你
但我知道我並不會因此
失去對過去人事的愛戀
我知道我常會停駐下來回想他們
我這一生會更愛你
我這一生會更愛你

後記

二〇一九年冬天，我到巴黎拜訪馬天賜神父的家人，我們一起在四十年前替馬神父雙親舉行喪禮、與孫子舉行出生禮的蘋果樹下，聊著我們認識的可敬的馬神父。同時，馬神父的姪女米諾（Mino）根據*Your Jesus ! My Buddha !* 發表了法文版的馬神父論文。

如來神力品第二十一

爾時世尊於文殊師利等無量百千萬億舊住娑婆世界菩薩摩訶薩，及諸比丘、比丘尼、優婆塞、優婆夷、天龍、夜叉、乾闥婆、阿修羅、迦樓羅、緊那羅、摩睺羅伽、人非人等，一切眾前，現大神力，出廣長舌上至梵世，一切毛孔放於無量無數色光，皆悉遍照十方世界。眾寶樹下、師子座上諸佛亦復如是，出廣長舌，放無量光。釋迦牟尼佛及寶樹下諸佛，現神力時滿百千歲，然後還攝舌相。一時謦欬，俱共彈指，是二音聲，遍至十方諸佛世界，地皆六種震動。其中眾生，天龍、夜叉、乾闥婆、阿修羅、迦樓羅、緊那羅、摩睺羅伽、人非人等，以佛神力故，皆見此娑婆世界無量無邊百千萬億眾寶樹下師子座上諸佛，及見釋迦牟尼佛共多寶如來在寶塔中坐師子座，又見無量無邊百千萬億菩薩摩訶薩，及諸四眾恭敬圍繞釋迦牟尼佛。既見是已，皆大歡喜，得未曾有。

——《法華經・如來神力品第二十一》

「正信宗教」總是禁得起時代的考驗，佛教如此、基督宗教如此、伊斯蘭教也是如此。因為真理有一種超越的存在。

如來有無量壽命，無生無死，自由來去於無可計量的時空。〈如來神力品第二十一〉描述，佛陀在為眾生講演《法華經》時，出「廣長舌」，聲音遍覆世界，然後還攝舌相，一時謦欬、俱共彈指，全身每個毛孔放射出七彩光芒，所照亮的每個世界都有尊佛，同樣出廣長舌、放無量光，照亮無數三千大千世界的一切國土，無窮無盡。

「如來一切所有之法，如來一切自在神力，如來一切秘要之藏，如來一切甚深之事，皆於此經宣示顯說。」儘管歷史上的佛陀入滅了，只要有《法華經》在的地方，即為有佛。

我們若能一心受持、讀誦、解說、書寫、如說修行，無形中亦能接觸到究竟向度的佛陀，意會到自己「超越的存在」，存在於你所關懷過的所有人心中，永誌不忘。

要改變的不是制度

話說天下大勢，分久必合，合久必分。歷史上，從來沒有任何一個國家能夠長治久安，也沒有一個國家可以千秋萬代。「萬歲、萬歲、萬萬歲」恐怕只是自欺欺人的自我安慰。那麼，海峽兩岸的統獨問題該如何解決呢？

缺乏交流，誤會只怕愈來愈深。彼此敵對，互相仇視，無益於和平。人類從拳頭互毆，到拿核子武器威脅或者癱瘓網攻，只不過換了武器，本質上還是野蠻。都已經二十一世紀了，人類難道不能文明一點？政治走不通的，宗教可以做點什麼呢？偏偏共產主義是「唯物」的無神論者，很難和「唯心」的宗教產生交集。為什麼共產主義這麼敵視宗教？我認為，因為「人心」無法控制。

二〇一八年，我們透過關係，克服了種種困難，第一次以「中華民國宗教與和平協進會」的名義前往北京拜訪，名單裡有好幾位宗教代表被拒絕入境，原因是大陸不承認他們的宗教（目前大陸只接受五大宗教：佛教、道教、天主教、基督教、伊斯蘭教）。我們並不想造成對方困擾，客隨主便，畢竟我們的目的是想來交朋友的。

北京方面很貼心的派專人來接待我們，剛開始彼此其實很陌生。有一位台辦甚至坦言，剛接到任務時其實有點惶恐，因為他根本不知道要跟我們聊什麼。不可諱言的，大陸人儘管會到廟裡燒香拜拜，或者上教堂，基本上他們是不懂宗教的，連廟裡的出家人也都是上下班的公務員（聊上幾句話就知道程度了，修行是假裝不來的），更別說跨宗教的交流。倒是他們對政治很關心，一切思考都從政治出發。

席間，台辦問了我一個很敏感的問題：「法輪功有沒有參加你們的團體？」

我說：「在台灣，法輪功不是宗教，基本上是一個人民團體。其實法輪功在台灣並不多見，但他們會聚集在大陸觀光客常到的風景區，在沿路上掛看板，所以看起來好像台灣到處都是法輪功。」台辦這才理解：「喔，原來如此。」

聊著聊著，有些話題慢慢觸及心靈層面。我提到台灣的宗教團體在社會上扮演著非常重要的角色，比如醫療、教育、慈善、社會救濟、人性關懷等，包括參與四川地震救災，以及聖母醫院和大陸李嘉誠基金會長期合作的實際經驗。我說：「大陸醫院院長說，大陸醫生經常將『視病如親』掛在嘴上，但是病人卻請醫生把他們當病人看就好了，因為親人會罵人！很多醫生脾氣不好，常罵病人。大多數的醫院也都說要『以病人為中心』，但是聖母醫院卻不把病人當病人，聖母醫院說要『**以人為中心**』。」

「以人為中心？」這個概念彷彿讓台辦們聽到了前所未聞的新領域，尤其是每個人都要面對的生死課題。

有一位台辦提到前陣子一位好友意外過世，當友人的屍體送進火化的瞬間，他覺得整個心被掏空了。他慌了，因為共產主義沒教過生死課題，他也不知道要去哪裡尋求協助。另一位女性台辦談到住在遠方的父親，前陣子竟然打電話跟她說：「你們都長大了，如果沒有其他的事，我打算去死了。」說著說著，她竟然哭了。

台辦熱切的告訴我，希望我們可以多多交流，或許用「宗教」這個字眼會比較敏感，可以考慮從醫療、長照、社福等題目開始，幫助他們慢慢認識宗教，認識愛。他也提到在兩岸開放探親之前，曾來台灣旅遊。離台前一晚，他想把身上剩餘的新台幣用掉，便到旅館附近的一間小商店打算買些文具送給女兒。那時候，老闆娘就坐在店門口，桌子上擺著一台四格分割畫面的監視器。他把裝滿文具的籃子拿到櫃台，問多少錢？老闆娘一聽就認出了他的口音，抬頭看他，冷冷的問，你是哪裡來的？台辦說他當時是有點緊張的，回答：我是大陸人。老闆娘問，喔，怎麼買這麼多？台辦說，買回去送給家裡的小孩，還有隔壁鄰居的孩子。老闆娘遲疑了一下，爽快地說，都送你啦，不用錢。台辦說他好感動，掏出身上全部的錢交給老闆娘。

實際上，海峽兩岸的人民根本沒有深仇大恨，若能看透這些人為的法規，所有國家不都是地球的一部分嗎？所有種族不也是人類的一部分？所有宗教不也是幫助人們離苦得樂的心靈寄託？

中華民國宗教與和平協進會第一次造訪北京。

海峽兩岸宗教交談的初步應是建立友誼和互信基礎，至於信仰深度，本來就是修行在個人，聊幾句就會知道了。此行受到北京法海寺副住持熱情接待。

我忽然想起已逝的馬天賜神父是這麼說的：「宗教交談是什麼？是傳什麼好消息嗎？不是，是瞭解你周圍的每一個人在你生命中的意義，你對他們都有一個特別的責任，要幫助他們知道他們可以得到的幸福有這麼大。由愛來推動，讓所有的人都能分享這個愛。」馬天賜神父在大陸是不受歡迎的人物，因為這位法國神父總是在國際場合替台灣發聲。如今，台灣的宗教與和平協進會終於來到大陸，帶來了宗教交談的想法。

如來神力的不可思議，對我來說，就像耶穌的愛、佛陀的慈悲一樣不可思議。儘管他們早已離開人世間超過兩千年，但其影響力仍深植人心。有能力的人承擔了更大的社會責任，不應該追逐成就個人的歷史定位，而是要為全人類謀求最大的福祉。當民心所向，自然會水到渠成，而不是強制的要求對方接受各自的體制，無論是共產主義或自由民主。暴力不可能帶來和平，強求來的一定不是好緣。

要改變的不是制度，而是人心。

我期待，有一天，大陸領導人宣布撤除瞄準台灣的上千枚飛彈，並放棄以武力解決台海問題。

囑累品第二十二

我於無量百千萬億阿僧祇劫，修習是難得阿耨多羅三藐三菩提法，今以付囑汝等：汝等當受持讀誦，廣宣此法，令一切眾生普得聞知。所以者何？如來有大慈悲，無諸慳吝，亦無所畏，能與眾生佛之智慧、如來智慧、自然智慧。如來是一切眾生之大施主，汝等亦應隨學如來之法，勿生慳吝，於未來世，若有善男子、善女人、信如來智慧者，當為演說此《法華經》，使得聞知，為令其人得佛慧故。若有眾生不信受者，當於如來餘深法中示教利喜。汝等若能如是，則為已報諸佛之恩。

——《法華經．囑累品第二十二》

佛陀將《法華經》囑託給菩薩，要他們妥善保存，並教導所有時空中的無量眾生。佛陀並感謝從無量世界來此的一切分身諸佛，感謝他們回應召喚，現在與永恆的合一，才能打開多寶佛塔，讓地球上的眾生得以一窺究竟的向度。

每個人都可以有分身，你的影響力就是你的分身。耶穌是愛，當你的愛是耶穌的愛，你就是耶穌的分身。於是，歷史向度的你，就和究竟向度的耶穌合而為一。

台灣這幾年為了同性婚姻合法化的議題吵得不可開交，有人批評台灣政府草率，但也有人認為台灣的觀念先進，還包容不同意見、各持己見，甚至互相攻擊的現象！但是，怎麼為了爭取「愛」，最後只看到「恨」，結果變成了恨的分身。我們完美嗎？我們是否有更大的寬容來關心與我們不同意見的人？

請求天父寬恕我們的罪過，如同我們寬恕別人一樣，讓我們在愛與信仰中相互學習。

愛人都來不及了，哪來的時間恨？與其批評，何不多用心思去關愛我們身邊的人？全世界有十五億的年輕人等待我們去愛呀！如果我們能和平地讓不同意見的團體或個人充分感受到彼此的愛與善意，台灣或許可以為亞洲各國提供一個愛的典範。

我是人，我追求幸福

教宗聖方濟曾說過這麼一段話：「我們真的不願與人對話嗎？我不這麼認為。我認為那是因為我們放不下阻礙我們與人對話的身段：霸道、不懂得聆聽、挑釁的言辭、成見，諸如此類的心態。」

二〇〇五年八月中旬，第十六屆宗教與和平生活營由佛教主辦，包括十幾個不同宗教，六十多人齊聚新北市樹林海明寺展開三天兩夜的交流。此次活動主題是「信仰與生活」，討論信仰對於人與人、人與神、人與家庭的影響，延伸至夫妻相處之道、親子關係、婆媳問題等，並實地參訪了樹林耶穌聖心堂、天道學院、一貫道忠恕道場、鎮南宮及濟安宮。尤其是天道學院更是宗教與和平協進會成立二十年以來第一次到訪。天道幾乎全體動員，有些道親甚至遠從台南北上，將午宴用的所有食材、食具、桌椅，以大車換小車、小車換推車，運進長達數百公尺的狹窄巷弄，只為了在道場設宴歡迎所有學員。這份誠心猶如印度教所言：「像迎接神一樣來迎接客人。」

天主教學員也在活動前一天舉行營前會，一是補充宗教知識，二是學習面對不同信仰的態度，畢竟這種「華山論劍」的機會可不容易。然而，宗教交談需要論劍嗎？需要爭辯誰是世界第一好的宗教嗎？宗教交談的目的是什麼？台灣宗教交談的先驅馬天賜神父是這麼說的：「宗教交談是什麼？是傳什麼好消息嗎？不是，是瞭解你周圍的每一個人在你生命中的意義，你對他們都有一個特別的責任，要幫助他們知道他們可以得到的幸福有這麼大。由愛來推動，讓所有的人都能分享這個愛。」

由愛來推動幸福

愛是什麼？是慈悲？是奉獻？是犧牲？還是近乎幻想的真理？「愛」，儘管各宗教的定義不盡相同，卻是「異中求同」的基礎，不過也有些把愛掛在嘴上、假藉宗教之名進行屠殺、奴役和破壞。猶太教拉比思科卡（Abraham Skorka, 1950-）嚴厲地說：「當人以神之名去進行殺戮時，所造成的毀壞更大，因為這種殘忍的罪行與對人性尊嚴的摧殘，將會破壞人對信仰的開放（態度），這種廣義的信仰是相信人在世上應該和平共處。」

而幸福又是什麼？誰的幸福才是幸福？要不要Google一下？查得到嗎？就像我們對於不瞭解的宗教也Google一下，你會發現網路上正反意見都有，即使是五大宗教受到批評的也不少。究竟誰對誰錯？會不會我們看到的都只是片面的經驗？沒有實際相處，誰有資格去審判任何人呢？

教宗聖方濟在與猶太教思科卡拉比討論「不可知論者」（agnostic）時，引申他從《聖經》所學得的：「每個人都是天主的肖像，不管他是否相信天主。從這一點來說，每個人都有許多美德、優點，以及自己的長處。如果他有什麼弱點，就像我也有，我們可以互相分享來幫助彼此克服缺點。」敬其所異，愛其所同，所以教宗特別重視宗教交談。

神讓伴侶有尊嚴地一起生活

天主教非常重視婚姻，兩位天主教教友在教堂舉行婚禮是聖事，新人要活出永恆愛情的盟約，而盟約的愛情是忠誠、服務，和順服，婚姻要到死亡才結束。愛可不是被沖昏頭的玩笑，然而現代社會的離婚急速攀升，教會該如何因應呢？天主教聖言會家庭服務組謝美君講師分享了天主教的「婚前輔導」，如何幫助新人重新省視「為何要在一起？」婚後，天主教還成立了「普世夫婦懇談會」，由神父或修女陪同夫妻從另一種角度協助解決家庭問題，是神讓夫妻彼此有尊嚴地一起生活。神父在講道中常對新郎說，他必須使新娘更為女人。神父也會對新娘說，他必須使新郎更為男人。

「當然，宣教士是很重要的，」統一教張貴成會長曾經為了「原罪」的解釋，進出許多教會和團契，直到在統一教才得到了解答。儘管有人批評統一教是亂點鴛鴦譜的宗教，但張貴成看到的卻是「愛」。他認為透過祝福，用愛可以解開原罪。宣教五年後，他成為第一對被祝福為「神聖婚姻」的華人。憶起當初被祝福時，他的另一半原有兩個華人可以選擇，但是她不想以自我為中心，完全相信文鮮明牧師給她的決定，欣然接受一切安排。每天，他們在神的面前彼此敬拜、擁抱。後來有了孩子，孩子也跟著他們在神的面前一起敬拜，孩子再向父母敬拜、彼此擁抱。

張貴成說：「我們夫婦滿心感謝，為了愛而努力。我把妻子和孩子當作神一樣侍奉，我的家庭在神的愛裡面成長。」

沒有成為典範，我怎麼當牧師？

至於基督教連嫦美牧師的家庭又是另一種類型，她目前在長老教會總會負責「幸福家庭主日」，可是過去的她並不幸福。她在三十歲進神學院，認識了後來的先生，兩人結婚，育有一子。後來先生成為傳教者，她便追隨先生，順服地當個牧師娘。沒想到婚後三年，先生外遇，她離婚了。她怎麼也想不到離婚會發生在牧者身上。牧者沒有成為典範，怎麼當牧師？神拋棄她了嗎？難道她不值得被愛嗎？

連嫦美說：「疑惑的我和上帝爭執，我禱告，期待有另一半，但神不是這樣帶領我。」

她發現除了有妻有夫有子的傳統家庭以外，還有許多「非典型的家庭」，單親家庭、隔代家庭、異國家庭，難道他們就不能夠擁有幸福嗎？

連嫦美說：「有另一半是恩典，如果他願意和你一起過。如果沒有，難道我們就活不下去了嗎？幸福家庭是根源於我與神的關係，神的愛包圍了我。我重新省視我與神的關係。」她終於走出了離婚的陰影，她順服地接受神的安排，即使是她從小最害怕的上台演講。

連嫦美說：「能當牧師不是我決定的，除非神應許。哪個教會會聘離婚的牧師？教會請我去，我第一個會說我是單親的媽媽。竟有教會接納我，怎麼可能？我覺得我沒有資格。我就是順服。」

在神的面前不用自卑。教會無條件的包容讓她感動，而當教友拿來第一把初熟的龍眼奉獻給牧者時，連嫦美更加感受到神恩。「我享受了這麼多愛，卻還在向上帝討愛，因為我從前只以為是一個男人來愛才是被愛。我現在很快樂。但不是說單親很快樂，我鼓勵每一個人都能追求屬於自己的幸福。上帝的念頭卡高人的念頭。」

修行人修的是自己，不是別人

佛教對婚姻的看法：婚姻是一種緣分的結合與延續，緣分有善緣，也有逆緣，或有緣無分、或有分無緣，充滿了太多的變數與不穩定性，所以要認清愛欲的來源以及婚姻的本質，以智慧來建立，以慈悲來維持，在家修行。

法明寺住持明光法師分享了一則佛經的故事。有位富人的第七個媳婦「玉耶」，長得漂亮身材又好，可是個性驕縱散漫，搞得全家糾紛不斷，雞犬不寧。富人只好請佛陀來家裡幫忙開導玉耶。佛陀來了，所有的人都出來迎接，只有玉耶躲在門後不敢出來。忽然，佛陀全身放出萬道金光，照得牆壁透明如玻璃，玉耶無從躲藏，只好出來面對。佛陀心平氣和地說：「玉耶，女人光是容貌皎美，不算美人，有什麼值得驕傲呢？而心行端正，有貞靜幽嫻的女德，才會受人尊敬，才算是美人。長得漂亮可以誘惑愚人，好身材適合作他人的玩物，也不算很好。況且青春美貌都是短暫不實的東西，又有什麼好驕傲的？」佛陀又講了女人的十種業障、三種缺陷，字字句句都重擊玉耶的心。玉耶軟化了，她請問佛陀怎麼做個好妻子？佛陀因此講了五種態度：敬愛丈夫要像父母愛護子女、像臣子恭敬君王、像婢女侍奉主人，不道長短是非……永無二心。還要「行五善、去四惡」：早起晚睡、被罵要忍、做好家事、美食先敬奉丈夫、願丈夫長壽、常記得丈夫的好……

確實，有這樣的妻子，一家和樂應該沒有問題。可是在女權高漲的現代社會，哪個女人會願意將丈夫視為君王，自己當婢女一樣去侍奉？生活營的學員不禁提出疑問。

我倒是好奇，如果有人問佛陀怎麼做個好丈夫，佛陀會怎麼回答？佛陀會不會要先生將妻子視為女王去侍奉？《聖經》說：「你們當中最大的，應該作你們的僕役。」（瑪23：11）。「凡你們對我這些最小兄弟中的一個所做的，就是對我做的。」這不就是「僕人精神」嗎？對最小弟兄都應該服務了，更何況曾經承諾相知相守的另一半？修行人，修的是自己，不是別人。

人的靈魂是天主的燈

人與自己的關係在於修行，人與人的關係建立在奉獻，人與神的關係呢？許多人是開始於神蹟，尤其是生死交關之際。天帝教的蘇光昊和許敏鄰伉儷便是因「原靈醫治凡靈」才救回性命，從此踏入修行之門。許敏鄰分享了婆媳相處之道，她笑說第一次看到兒子帶女朋友回家，馬上的反應就是這個女人要來搶我的兒子。許敏鄰說：「小女生剛進家門時連笑都不會，什麼事都不懂也不會做。該怎麼辦呢？我不能要求別人和我一

鮑霖神父在海明寺舉行彌撒，並為自有法師祝福。

宗教與和平協進會參訪位於樹林的天道學院。

樣。我是開導師（天帝教神職人員），我應該要把自己的角色做好。」懷抱著歡喜心，許敏鄰開始每天煮飯給兒子和媳婦吃，把媳婦當自己的女兒一樣疼，讓媳婦有成長學習的時間。丈母娘以身作則，媳婦潛移默化，不久後，媳婦慢慢融入新家，如今也分擔了許多家事，闔家融融。

某學員說：「情人因誤解而結合，因瞭解而分開。宗教因誤解而分開，卻因瞭解而能共處。」這些以愛作見證的跨宗教對話內容，讓所有學員在不同宗教中看到神的存在。拉比思科卡在他與教宗的對話序文中提到：「真正的對話，是具有思考能力的人類的生命重心，它促使每個人都試著去認識並瞭解與他交談的對象。」「人的靈魂是天主的燈，探照肺腑的一切隱秘。這句話最深刻的涵義是：與人對話是為了讓自己的靈魂與另一個人更接近，以顯露並探照自己的內心。」

藥王菩薩本事品第二十三

爾時，一切眾生喜見菩薩復自念言：「我雖作是供養，心猶未足，我今當更供養舍利。」便語諸菩薩大弟子，及天、龍、夜叉等一切大眾：「汝等當一心念，我今供養日月淨明德佛舍利。」作是語已，即於八萬四千塔前，燃百福莊嚴臂，七萬二千歲而以供養，令無數求聲聞眾、無量阿僧祇人發阿耨多羅三藐三菩提心，皆使得住現一切色身三昧。

爾時諸菩薩、天、人、阿修羅、等，見其無臂，憂惱悲哀，而作是言：「此一切眾生喜見菩薩，是我等師，教化我者，而今燒臂，身不具足。」於時，一切眾生喜見菩薩於大眾中，立此誓言：『我捨兩臂，必當得佛金色之身，若實不虛，令我兩臂還復如故。』作是誓已，自然還復，由斯菩薩福德智慧淳厚所致。當爾之時，三千大千世界六種震動，天雨寶華，一切人天、得未曾有。

——《法華經．藥王菩薩本事品第二十三》

《法華經．藥王菩薩本事品第二十三》記載，藥王菩薩的前世，悟道後欣喜異常，為了表達心中對佛的感激，獻上了一切，甚至最珍貴的肉身，菩薩以火燃身，整整燒了一百二十年，照亮世間，成就「法供養」。

這麼極端激進的表現方式，對於一般非佛教徒應該很難接受吧。但我必須解釋，菩薩不是肉身，是燒不死的，菩薩的身體可以完整回復。

耶穌呢？你認為耶穌基督被釘上十字架會痛嗎？

而人們仿效的是行為，還是精神？

「真愛人、全犧牲、常喜樂」的松喬神父

「燃身供養」的經文確實影響了許多佛教徒，為了表達理念，不惜將色身轉化為火炬。越南的一行禪師曾講過幾個故事。一九六三年，當時信仰天主教的總統吳廷琰禁止佛教徒慶祝佛誕節、攻擊佛寺、逮捕僧人，廣德比丘為了敦促政府停止迫害佛教徒，在西貢街口淋上汽油引火自焚。不久，此政策劃下句點，總統亦遭叛軍所殺。另一位女弟子「一枝梅」亦選擇以自焚呼籲南北越停止戰爭。僧團在紀念一枝梅的弔文中寫著：「我跟你一樣也在燃燒自己，唯一的差別是我燃燒的速度比較慢。」

如同雲林若瑟醫院的創院院長松喬神父（Geoges Massin, 1916-2007），秉持著「真愛人、全犧牲、常喜樂」的博愛精神，他是藥王菩薩的人間模樣。我見過他三次，夢過他三次，我們之間沒有說過話，所有對話都在靜默中進行。

第一次見到松神父是在二〇〇六年若瑟醫院的加護病房，他躺在病床上，已不能說話，狀況其實很不好，副院長畢耀遠神父在松神父的耳邊說：「這個人將為你寫傳記，你覺得好不好？」我伸手去握松神父的手，發現他的手好大。畢神父替松神父撥開眼睛，他看著我，眼珠子好大，他靈活地轉動眼珠子，像在逗我。畢神父很高興地說：

「很好，他喜歡你。」

經過幾個月的密集採訪，我們彷彿也跟著若瑟醫院一起走過了五十年。從八間小房間、兩名醫師，發展至今五百張病床的規模，一路披荊斬棘、困難重重，松喬神父卻總始終堅定地說：「明天會更好！」其實，只要有任何一次松神父說：「沒辦法了，我不做了。」若瑟醫院就沒有今天了。

採訪期間，松神父的身體狀況比較穩定了，雖然還是躺著，我們坐在病床邊嘻嘻哈哈聊他的感人故事。松神父有一首他遍行天下的招牌歌，是來自他比利時故鄉的童謠，我請畢神父唱給我聽，錄下後播放給松神父聽。當然松神父還是閉著眼睛靜靜地躺著。那是秋天的午後，陽光暖暖地斜映窗台，儘管我並不知道他是睡著還是醒著，但是我心底好感動，感謝他對台灣的奉獻與犧牲。

完成初稿那夜，我夢到松喬神父，他的模樣很清晰，活力十足。他告訴我：「我只是一個很平凡的人，我只是去做天主歡喜的事。」

一年後，再次夢到松神父，他來向我道別。我心裡明白，這是遲早的事情。隔天，醫院打電話來說松神父走了，以最平凡的方式，完成了「人」應有的典範。他將靈魂交付天主，帶著「窮人聖母」的精神，全心奉獻於台灣；最後仍將身軀留在這摯愛的台灣。他以愛締造這不朽的傳奇。這愛的傳奇將超越人世間的貧病苦痛，為生生不息的生命開創新天新地，永不落幕。

最後一次夢到他又是一年後了，夢中我們正在籌辦他的追思音樂會，儘管他走了，但我們仍心意溝通。

他說：「愈困難時，更要讓愛的花開。」

我知道，你走了，而我的責任才正式開始。

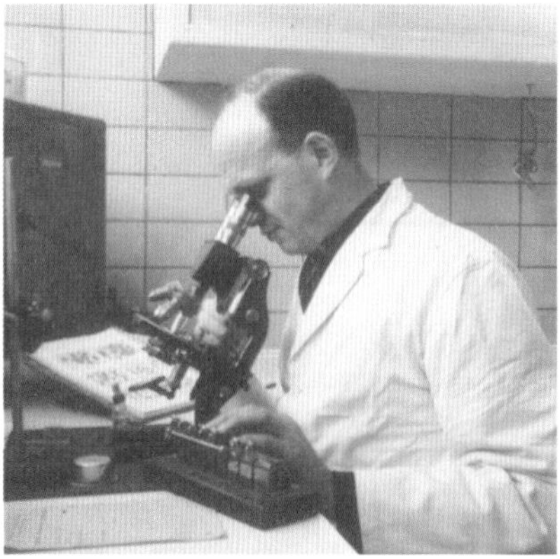

（左上）松喬神父在門口與家人道別。
（左中）1950年松喬在大陸與兩位神父合影。
（左下）化驗工作是松喬神父的日常。
（右）松喬神父傳記封面。

附文

若瑟醫院的老爹——松喬神父

求學與奉獻（一九一六至一九四七）

松喬出生於一九一六年、比利時的佩提—雷喬（Petit-Rechaw），父母以英文字母的排序為小孩命名，松喬排行第五。父親經營棉布工廠，曾任十二年的小鎮鎮長，誠實與榮譽的家風對松喬的人格成長影響很大。

松喬從小罹患風溼性關節炎，家人安排他到較為溫暖、位於海邊的天主教學校就讀，因而接觸了許多神職人員和動人的故事，尤其深受二十世紀初葉獻身中國的雷鳴遠神父「全犧牲、真愛人、常喜樂」的信念所感動。十八歲時，他決志畢生奉獻給上帝，作神的僕人，實踐《聖經》上「神愛世人」的真言。在完成魯汶大學哲學和神學課程之後，松喬於一九四二年榮升神父，並向天主教會申請到當時戰禍連連的中國大陸傳教。

中國傳道（一九四七至一九五三）

一九四七年，松喬神父獲派到中國江蘇省擔任朱開明主教的秘書，長駐在寧波外海一個叫海門的小島。松喬神父追隨雷鳴遠神父所提出的「基督歸中國人、中國人歸基督」的想法，要到中國傳福音，就要走入中國社會。他在海門接觸中國人並學習中國話，所以他的「國語」總是帶著濃濃的寧波腔。

松喬神父在海門傳教期間，主張無神論的共產黨認為外國傳教士都是帝國主義派來的入侵者，故極為仇視並加以迫害。松喬神父所服事的主教遭逮捕、教堂被迫關閉，松喬神父走投無路。所幸有一位教友開設的醫院正好缺一名X光技師，便安排松喬神父到醫院裡服務。但終究躲不過共產黨的眼線，一九五三年八月松喬神父遭到驅逐，黯然離開他立志獻身的中國。

初抵台灣（一九五三至一九五五）

離開了中國，松喬神父重返比利時，並到英法等國繼續學習醫檢及放射線技術，並等待上帝的旨意。沒想到兩年後，他又重回魂縈夢繫的中國，依然被派遣到一座海島，卻是不受共產黨脅迫控制的自由台灣。

當時嘉義教區的主教牛會卿，眼見轄區內的雲林縣人口眾多，卻欠缺較為完善的醫療院所，不但密醫充斥，民眾偶有重病，動輒要送往外縣市的醫院，路途遙遠又交通不便，經常延誤了活命的機會。於是牛主教決定在雲林縣籌設醫療院所，並邀請具有醫療經驗，又通曉中國語言與民情的松喬神父來台協助。

奉獻在若瑟（一九五五至二〇〇二）

經過三個月的航程，松喬神父於一九五五年九月抵達基隆港，隨即在牛會卿主教與畢耀遠神父的接送下來到雲林斗六，開始籌辦醫院。同年十二月三日「天主教若瑟醫院」在虎尾正式開業，松喬神父為若瑟醫院的創院院長，開始長達五十年的醫療奉獻生涯。

早期若瑟醫院僅設內科和婦產科，只有兩名醫師，松喬院長則負責X光檢查，尤其針對當時肆虐全島的結核病及阿米巴痢疾作診斷。他不畏X光射線對身體可能造成傷害，常因工作需要一整天待在X光室，曾一天為六百名虎尾女中的學生做X光檢查，離開X光室時，脖子以上都因微血管爆裂而滿臉脹紅。

松喬院長身上的熱血也為捨身救人而奉獻，他A型Rh陰性的血型，最適合輸血之用，只要有人需要，他總是第一個挽起手臂的捐血人。將近四十年的捐血記錄，救人不計其數，所以松喬院長有「活動血庫」的雅稱。

對於貧困的病患，松喬院長不但不收取醫療費用，甚至還提供物資與金錢援助，所以醫院的財務始終拮据，幸賴松喬院長與副院長畢耀遠神父長期奔走於歐美籌募資金、藥品與醫療設備，讓病患能得到最新的藥品與最好的照護。若瑟醫院也因此而遠近馳名，院務蒸蒸日上。松喬院長信任人員、充分授權，絕不干涉醫療專業。從不發脾氣的他，把員工視為家人，醫院的氣氛就像一個和樂的大家庭。他認為醫院的經營不是院長一個人的事，而是要靠大家貢獻己力，集思廣益來共同管理。醫院的營運也不斷因應民眾的需要而擴大服務範圍，如今的若瑟已發展成七百多名醫護人員的區域教學醫院。

松喬院長對若瑟醫院的成就從不居功、不自誇。五十年來以院為家，未曾支領薪資，僅靠教會提供的微薄津貼供其生活所需。貴為一院之長，房間不到兩坪，只能勉強擺一張單人床，終年只有幾套替換的衣褲，磨破領口的舊襯衫，還要幾經縫補。院裡的同仁過意不去，便利用他的生日送他一些生活必需品當作禮物。這是勤儉自持的松喬院長。

榮退安寧（二〇〇二至二〇〇五）

松喬神父雖為外國人，卻畢其一生照顧台灣人，無論在醫療奉獻或慈善救助，他無私奉獻的精神感召了許多有同樣熱忱的台灣人，一起到雲林貢獻所長。一九六八年，松喬神父獲頒好人好事代表；一九九二年獲衛生署表揚「醫療工作達三十七年，愛心廣布，造福群眾良多」殊榮；一九九三年榮獲「第三屆醫療奉獻獎」；一九九七年榮獲內政部頒發「台灣因您而成長」獎座。二〇〇二年松喬院長正式退休，將院長一職交棒給本地人。然而他神父的身分從未退休，在醫院的許多角落經常看到他巨大的身影。

松喬神父一生秉持著耶穌基督「服務人群，關懷弱勢，哪裡需要我們就去哪裡。」的理念，總是依循民眾的需要而不斷地前進。二〇〇五年若瑟醫院五十週年慶，同時也是松喬神父的九十大壽，他為自己許下一個願望：要在若瑟醫院成立安寧病房。這個構想立即獲得社會上熱烈迴響，在多方的捐助下，安寧病房於年底正式啟用，完成他最後的一個心願。

二〇〇六年底，松喬神父不慎從椅子上摔落。開始臥病在床，二〇〇七年病逝於他最愛的台灣，雲林若瑟醫院。

妙音菩薩品
第二十四

時多寶佛告彼菩薩：「善男子，來！文殊師利法王子欲見汝身。」於時妙音菩薩於彼國沒，與八萬四千菩薩俱共發來。所經諸國六種震動，皆悉雨於七寶蓮華，百千天樂不鼓自鳴。是菩薩目如廣大青蓮華葉，正使和合百千萬月，其面貌端正復過於此，身真金色，無量百千功德莊嚴，威德熾盛，光明照曜，諸相具足，如那羅延堅固之身。入七寶臺，上升虛空去地七多羅樹，諸菩薩眾恭敬圍繞，而來詣此娑婆世界耆闍崛山。

到已下七寶臺，以價值百千瓔珞，持至釋迦牟尼佛所，頭面禮足，奉上瓔珞，而白佛言：「世尊，淨華宿王智佛問訊世尊：『少病少惱，起居輕利，安樂行否？四大調和否？世事可忍否？眾生易度否？無多貪欲、瞋恚、愚癡、嫉妒、慳慢否？無不孝父母、不敬沙門、邪見不善、心不攝五情否？世尊，眾生能降伏諸魔怨否？久滅度多寶如來，在七寶塔中來聽法否？』又問訊多寶如來：『安隱少惱堪忍久住否？』」「世尊！我今欲見多寶佛身，惟願世尊，示我令見。」

——《法華經．妙音菩薩品第二十四》

一八六二年一月一日，維克多．雨果（Victor Marie Hugo, 1802-1885）完成《悲慘世界》，他在房間裡望著海上的旭日初升，寫下一段文字：「只要是法律與習俗所造成的社會壓迫還存在一天，在文明昌盛時期因人為因素使人間變成地獄，並使人類與生俱來的幸福遭受不可避免的災禍，只要貧困使男人潦倒、飢餓使女人墮落、黑暗使小孩孱弱——這三個問題尚未獲得解決；只要在某些地區還可能發生社會的毒害，換言之，只要這世界上還有愚昧與悲慘，那麼，像本書這樣的作品，也許不會是沒有用的！」

為了撫養七個外甥，尚萬強不得已去偷麵包，被抓到判刑，總共關了十九年，出獄後又備受歧視，一位主教收留了他，並供他一頓晚餐。

主教：「事實上，您根本不必說明您的身世。因為這裡並不是我的家，而是耶穌基督的家。心中有悲傷，想要歇息的人，任何人都可以進到這來。為什麼我非知道您的名字不可呢？再說即使您不說，我也早就知道您的名字了。」

尚萬強：「真的嗎？你早就知道我叫什麼名字了嗎？」

主教：「當然知道。您的名字叫做我的兄弟。」

沒想到，尚萬強趁夜偷走祭台上的銀器，但被警察發現扭送回教堂，主教卻告訴警方這些銀器是他送給尚萬強的，並且又送給他一對銀燭臺。警察離去後，主教對尚萬強說：「我已經把您的靈魂從黑暗中拯救出來，獻到神的面前了。」

從此改變了尚萬強的一生（無形中也改變了我的一生）。

「台灣歡樂頌」計畫

天文是視覺的宇宙，音樂是聽覺的宇宙。妙音菩薩是另一個宇宙的觀世音菩薩，以美妙音聲饒益眾生，啟迪心靈。多年前，我寫了一個「台灣歡樂頌」計畫，幻想著能以音樂促成兩岸和平交流。然茲事體大，我的福德不足，計畫未能實現。儘管時過境遷，我仍期盼有朝一日，或在某個平行宇宙，能響起這首和平的樂章。

概念發想

若要選出全世界最知名且最重要的一首曲子，大概就是貝多芬第九號交響曲《合唱》，《合唱》帶來音樂界革命性的啟發，傳遞出人與人之間友愛共融的心聲。一九八九年，指揮家伯恩斯坦率領東西德的音樂家及樂團，在倒塌的柏林圍牆前一起演出《合唱》，成為歷史名演。二〇〇三年聯合國教科文組織正式把《合唱》列入世界人類文化遺產。尤其是第四樂章〈歡樂頌〉，也是歐盟的國歌。日本在遭逢世紀災難三一一大地震之後，亦選擇以萬人合唱《合唱》來撫慰人心。

和平是人類共同的渴求，在政治上和平需要溝通，在宗教上亦需要對話交流。因為宗教沒有和平，世界不可能有和平。或許靈性的宗教交流，可以在現實政治的困境中另闢蹊徑。而台灣，擁有全世界少見的「宗教奇蹟」，不同的宗教在台灣和平共處，敬其所異，愛其所同，為不同意識形態的相處提供了示範。試想，兩地三地華人音樂家齊聚，搭配跨宗教、跨族群的合唱團，一同演出屬於台灣的《合唱》，該是多麼令人振奮。

故事大綱

一聽到拉威爾（Ravel, 1875-1937）的《波麗露》（*Boléro*），馬上會讓人聯想到電影《戰火浮生錄》（*Les Uns et les Autres*）的那段芭蕾舞蹈。《台灣歡樂頌》則是搭配貝多芬第九號交響曲的四個樂章逐步展開。

第一樂章：莊嚴而從容的快板

由細小的切分音組成的引奏，在巨大的震撼力和悲壯的色彩中，以雷霆氣勢奏出第一主題，排山倒海的引導樂曲前進。

敘真是一名佛教徒，在天主教機構擔任社工，他經常作夢，有妄想、有夢想，有時現實生活中若出現了「徵兆」，那個夢便會實現。當他告訴在聖母堂服務的法國籍馬神父，馬神父對於敘真所講的種種「神蹟」，不但沒有批評迷信，反而以開放的態度表示，這是天主給他的特別禮物。馬神父問：「如果夢想會實現，你敢不敢勇於追夢？」

有一天，敘真夢到亞洲天后阿妹演唱貝多芬第九號交響曲，其中還有創作才子王力宏指揮的國家交響樂團。此夢雖美，但是其中的難度確實太大。馬神父倒是樂觀其成，並告訴敘真有關《合唱》的種種歷史記錄，儘管他是法國人，而這首曲子是德國作曲家所寫，不可否認的，《合唱》是可以突破人類成見與藩籬的和平樂章。

不久，一個奇妙的徵兆突然出現，敘真接到阿妹希望來義演募款的電話。敘真將《合唱》的夢告訴阿妹，阿妹答應若有機會，她很願意加入（阿妹演出過杜蘭朵公主）。然而，這個想法卻因馬神父突然病倒而暫時停止。一趟不在預期內的梵蒂岡之行讓整個想法出現轉折，敘真陪伴馬神父到梵蒂岡覲見教宗。回國後，馬神父因病溘然而逝。在馬神父的喪禮彌撒，敘真演奏大提琴、與修女以及佛教法師以弦樂四重奏演奏〈歡樂頌〉送馬神父最後一程。阿妹也專程前來獻唱，阿妹鼓勵敘真繼續馬神父的遺願。有人建議何不結合不同宗教團體與兩岸樂團一起合演《合唱》，作為梵蒂岡與台灣宗教會談時的開幕曲。於是，一場超大型的音樂合作計畫在台灣與大陸同時展開。

第二樂章：活潑的極快板

以歡樂節奏展現出與第一樂章迥然不同的氣氛，中段旋律優雅美麗，是貝多芬最美妙的作曲之一。

儘管阿妹是流行音樂天后，然而要以德語演唱《合唱》，對任何專業歌手都是一大挑戰。團練時，創作才子王力宏前來探班，阿妹告訴力宏有關《合唱》之事（其實王力宏有曲子引用了〈歡樂頌〉）。力宏感到相當驚訝，他說怎麼這麼巧？他今年最大的願望就是希望到音樂廳擔任交響樂團指揮，他立即表示希望一起加入台灣歡樂頌計畫。後來，輾轉聯絡到台灣國立交響樂團指揮呂紹嘉，他表示願意教導力宏，畢竟這次的演出需要三個交響樂團一起合作，若有流行巨星加入，對於推廣古典音樂也是一大助力。

第三樂章：如歌的柔板

相對於前兩樂章的澎湃，此樂章顯得格外寧靜優美，不規則的變奏曲式，以對比手法呈現。

為了組成大型合唱團，呂紹嘉號召民間團體、學校合唱團一起加入。音樂老師團也開始在各地舉行講座，解說《合唱》。在組織原住民團體時，布農八部合音讓他驚豔，也激發呂紹嘉改編《合唱》的第四樂章，並邀請詩人填寫《台灣歡樂頌》歌詞，作為音樂會的安可曲。

正當活動如火如荼展開之際，佛教團體邀請西藏逃亡領袖達賴喇嘛前來台灣共襄盛舉。此舉引發大陸部分媒體的批評，多方緊張的政治神經再度被挑起，大陸媒體放話抵制此活動，不讓大陸樂手參加。而台灣方面，似乎也迫於政治壓力，傾向拒絕達賴喇嘛入境。原本答應贊助的大企業也來電表示經費有困難了，台灣歡樂頌音樂會面臨停辦。

值此之時，台灣民間的力量反而不斷湧現，網路上引起熱烈的回應，「音樂會的目的就是要開創和平的可能性，為何要放棄初衷？」民間開始有人發起募款，小額捐款迅速累積到所需經費。許多在台服務的外國傳教士也發起遊行，包括曾經受過馬神父啟發的宮廟陣頭，紛紛表示要繼續推動此計畫。原本預計參加音樂會的團體也表示不計酬勞，將全力以赴。另一群來自不同領域的藝術家，也各自創作表達對和平及對台灣的愛，包括美術（如梵蒂岡教壇委員會入口的世紀交流油畫）、雕塑（如朱銘的〈和平門〉）、舞蹈（如優人神鼓步行到各鄉鎮公演）、音樂（快閃樂團在各地集結演唱歡樂頌）等，他們說：「這是我們要留給未來子孫們的禮物！」各國媒體以顯著篇幅報導，也好奇這個自覺的和平行動將會帶來怎樣的影響？此時，義大利傳來好消息，教宗決定親自前來台灣，這是華人世界的第一次。陪同前來的還有盲人歌手波伽利（Andrea Bocelli, 1958-），答應擔任《合唱》第四樂章的男高音。

第四樂章：急板四四拍

一開始緊張感再起，不久即聽到著名的旋律從耳邊響起，接著藉由男高音開始拉開人聲合唱序幕，到最後整個大合唱拉起了感動的氣勢。

教宗造訪台灣是世界大事，來訪前，大家所關心的兩岸統獨問題、中國和梵蒂岡的宗教爭議，媒體炒得沸沸揚揚。教宗在玫瑰聖母堂前舉行戶外彌撒，沿著愛河兩岸擠滿人群。教宗以一貫的優雅態度表示，宗教人應該做宗教人應做的事，有人選擇爭議，我們選擇愛與和平，盡一己之力，為世界做出貢獻。他甚至逗趣地唱出〈歡樂頌〉的第一句：「啊！朋友，不要再唱這些調子啦！」還是讓我們提高我們的歌聲，使之成為愉快而歡樂的合唱！歡樂！歡樂！

音樂會活動從下午開始，來自各地的觀眾紛紛湧進會場，包括發起薩伊德計畫的名指揮家巴倫波因（Daniel Barenboim, 1942-）也遠道而來。大螢幕上首先播放了幾段影片，那是藝術家們創作的心路歷程。還有幾段影音祝福，有德國總理梅克爾，竟然還有大陸總理和美國總統，現場響起如雷的掌聲。原來，政治人物在有意無意間回應了台灣人民的聲音。樂團由台灣國家交響樂團、北京交響樂團共同組成，指揮為呂紹嘉指導的王力宏，女高音為張惠妹，男高音為義大利波伽利，男中音與女低音為大陸歌手，合唱團則為跨宗教、跨族群的團體所組成，還包括來自日本大阪的千人合唱團。台下坐著數

張惠妹將「愛・分享演唱會」門票收入全部捐給台東聖母醫院。

萬名不同宗教信徒，以及穿著不同傳統服裝服飾的民眾（包括原住民、新住民等）。掌聲中，所有宗教領袖牽手一起步入會場，他們向台上的音樂家以及所有聽眾鞠躬致敬，今晚是屬於愛與音樂的夜晚。而後，全體起立、靜默祈禱，在互道平安之後，這場世紀音樂會正式開始。

製作可行性及理由

《台灣歡樂頌》是難得一見，也是值得做的計畫，國際間曾有成功的例子。一九九九年，猶太裔音樂家巴倫波因與巴勒斯坦學者薩伊德，邀集以色列和阿拉伯世界的音樂家組織西東合集管弦樂團（East-Western Divan Orchestra），讓雙方透過音樂瞭解彼此。樂團訓練過程中，不同國籍的樂手們發現他們的父親曾在同一個戰場上廝殺，如今他們卻因音樂成為朋友。原來，仇恨是可以轉化為關心的能量。樂團持續在全球傳遞和平訊息，二〇〇九年被英國《留聲機》雜誌（*Gramophone*）選為全球最具啟發性樂團之一。樂團發展過程被拍攝成記錄片《薩伊德的和平狂想曲》（*Knowledge is the Beginning*），獲艾美獎肯定。

此劇本預先設想了幾個可能性，可依採訪樂團組成與排練內容，從而串起劇情，如電影《交響人生》（*Le Concert*），或直接拍成動畫電影，為現實世界提供更開放的想像，而且具有國際話題性、有票房吸引力、有積極奮鬥的熱情，以及對美好未來的展望。

資料收集或田調方向

巴倫波因和薩伊德的對話錄中提到：「『奮鬥』是貝多芬音樂裡最重要的因素，透過奮鬥而產生的音樂張力是不可分的部分，而這也適用於演奏柔和的段落，即使是標示了『柔美而有豐富表情』的地方。」故此劇本將關注在表現「奮鬥」與「愛」。資料收集將集中於兩個方向：一是音樂性的呈現，二是演出者的故事。

音樂性的呈現：包括訪問指揮家（如呂紹嘉或高雄市立交響樂團指揮），《合唱》在歷史的重要性等。適時插入在劇本中，幫助觀眾更能體會貝多芬創作時的奮鬥，以及欣賞貝多芬如何以音樂的美表現出這股力量。

演出者的故事：包括各團體的幾位代表性人物，如馬天賜神父對台灣宗教交談的貢獻、張惠妹的努力過程、呂紹嘉與王力宏互動帶領樂團等故事，以及不同族群在台灣的奮鬥故事，共同完成此壯舉。

一起歡樂吧！這群小孩並沒有因貧窮而失去歡樂，一切都是心的問題。

觀世音菩薩普門品
第二十五

「無盡意！是觀世音菩薩成就如是功德，以種種形遊諸國土度脫眾生。是故汝等應當一心供養觀世音菩薩。是觀世音菩薩摩訶薩，於怖畏急難之中能施無畏，是故此娑婆世界皆號之為施無畏者。」無盡意菩薩白佛言：「世尊！我今當供養觀世音菩薩。」即解頸眾寶珠瓔珞，價值百千兩金而以與之，作是言：「仁者，受此法施珍寶瓔珞。」時觀世音菩薩不肯受之。無盡意復白觀世音菩薩言：「仁者，愍我等故，受此瓔珞。」爾時佛告觀世音菩薩：「當愍此無盡意菩薩、及四眾、天、龍、夜叉、乾闥婆、阿修羅、迦樓羅、緊那羅、摩侯羅伽、人非人等故，受是瓔珞。」即時觀世音菩薩愍諸四眾、及於天、龍、人非人等，受其瓔珞。分作二分，一分奉釋迦牟尼佛，一分奉多寶佛塔。

——《法華經．觀世音菩薩普門品第二十五》

觀世音菩薩有三十三種化身，以各種形象幫助眾生脫離苦海。想像一下，倘若三十三種化身是各宗教的主神或是信仰者呢？抑或我們將自己當作觀世音菩薩的化身之一，去幫助眾生呢？這不就是活出耶穌的肖像嗎？

印度教神祇克里希納認為，「修行」就是要餵飽每一個人。而企業和宗教團體確實都要餵飽許多人，端視以「事」為主，抑或以「人」為主，關鍵還是「修行」。動機不同，於是做法不同，目的地便有天壤之別。

某企業管理顧問公司開辦課程「向德蕾莎修女學領導」，我和主教相視大笑，德蕾莎修女的領導能力很好嗎？能幫人賺錢嗎？德蕾莎修女的全部財產只有一尊耶穌像、三套衣服、一雙涼鞋。而她所創辦的仁愛修女會在全世界一百多國有六百多個分會，十四萬名不支薪的志工，總資產預估有四億美金，總部卻只有兩位修女和一台打字機，辦公室裡只有一張桌子、一把椅子，甚至沒有接待室，因為她們都在工作崗位上接待客人：平民窟、棄嬰院、臨終醫院、收容院……。這是怎麼做到的？神職人員的思考方式和企業管理很不一樣，企業以營利為目的，神職人員卻以服務為目的。一般人找工作希望「錢多、事少、離家近」，而神職人員卻選擇到最偏遠的地方去做沒有人要做的事，錢少、事多、離家遠。黃兆明主教甚至告訴我：「做事情不要以成功為目的，而是要讓每個人的生命在過程中獲得啟發。」

宗教交談亦然。絕非以自己團體的成功為目的，而是讓每個人的生命在過程中獲得啟發。

德蕾莎修女一九五二年在印度加爾各答創辦「垂死之家」，照顧窮人獲得有尊嚴的關懷與醫療，完全免費。她尊重所有信仰，陪伴臨終者以自己的宗教儀式走完人生的最後一程。一開始，曾有印度人批評德蕾莎修女利用印度教寺廟做服務，其實是要讓人改信天主教。他們要求警方將修女趕出寺廟。警察局長現場調查後告訴抗議者，這個外國女人正在照顧很多的窮人和病人，如果你能夠請你的母親或姐妹把這個修女的工作接過去的話，那我立刻可以把她趕走。

德蕾莎修女說：「人們經常是不講道理、沒有邏輯和以自我為中心的。不管怎樣，你要原諒他們。即使你是友善的，人們可能還是會說你自私和動機不良。不管怎樣，你還是要友善。當你功成名就，你會有一些虛假的朋友和一些真實的敵人。不管怎樣，你還是要取得成功。即使你是誠實、率直的，人們可能還是會欺騙你，不管怎樣，你還是要誠實和率直。你多年來營造的東西，有人在一夜之間把它摧毀，不管怎樣，你還是要去營造。如果你找到了平靜和幸福，他們可能會嫉妒你，不管怎樣，你還是要快樂。你今天做的善事，人們往往明天就會忘記，不管怎樣，你還是要做善事。即使把你最好的東西給了這個世界，也許這些東西永遠都不夠，不管怎樣，把你最好的東西給這個世界。說到底，它是你和上天之間的事，而絕不是你和他人之間的事。」

攜手開拓扶貧新路

二〇一一年底，澳門明愛會六十週年慶，以「攜手開拓扶貧新路」為題，舉行國際交流會議，邀請梵諦岡、加拿大、巴基斯坦、英、法、孟加拉、泰國，以及海峽兩岸三地的資深學者及實務工作者，從不同角度分享扶貧的研究與經驗。我代表台東聖母醫院，以「沒有圍牆的醫院」在大會做專題演講。

天主教明愛會，拉丁文是CARITA，意思是「愛」，它是每一個國家的天主教會必設的愛德組織。全世界第一個明愛會成立於一八九七年，在德國的一間煤礦區教堂，因外地移民帶來許多貧苦礦工，為了這些可憐的工人及其家人，天主教友於是成立有組織的明愛會，去回應他們的需要。日後許多國家也紛紛成立，至今全世界已有一六四個會員國。

澳門有窮人嗎？

澳門以賭聞名於世，上一次我到澳門是在二〇〇四年來拍記錄片，為了瞭解佛教在澳門的發展，尤其是在賭場工作的佛教徒心態。記得當時的澳門到處都在建設，宛如大型工地，只有「葡京」一間大型賭場，當地人告訴我，葡京酒店的外型像鳥籠而且完全不開窗，讓人看不到天光，從風水學的觀點就是要讓每個入場的賭客都變籠中鳥，插翅難飛。賭場附近則充斥著高檔的購物商店及當鋪，賭贏了有地方消費，賭輸了也有地方典當。印象最深的是，當我們離開了紙醉金迷的不夜城，來到一般澳門人所居住的區域借宿，空間又擠又窄，環境很糟，房間很小，瀰漫著陳年的霉味，浴缸有斑駁的黃垢，催人欲嘔。然而，短短幾年不見，如今的澳門有十一個大型賭場，名列世界四大賭城之一，整個澳門人口才五十萬，每天卻有三十萬人觀光客湧入澳門（來台灣的觀光客大概一萬多人），多數是來賭的。既然「十賭九輸」，做莊的賭場便像是印鈔機，錢潮不斷地湧進這個原本貧瘠的小漁村，政府每年還送給澳門人一筆不少的博奕回饋金。

澳門開放博奕所帶來的經濟快速成長，鄰近各國無不眼紅，皆躍躍欲試，包括台灣。然而，五光十色的霓虹背後，澳門人是否同樣感到幸福？澳門有窮人嗎？需要扶貧嗎？從統計數字來講，過去十年，澳門生產總值增加三．四倍，人均所得增加了二．五倍，但是個人收入卻增加不到一倍，表示財富分配並不平均，而且最低收入的兩成家庭平均收入接近最低維生指數，也就是說窮人不在少數。若從當地人的感受來說，澳門的建設將各口岸、碼頭、賭場和機場連接起來，其實純粹是為遊客而設計，對多數住在舊區的澳門人根本幫助不大。舊區的破落與賭場的奢華形成強烈的對比，物價不斷飛漲，生活壓力愈來愈大，年輕人根本買不起房子，更別說是生活在鼓勵消費與金錢遊戲的環境下，人心很難不受影響。澳門人感受到危機，但不知如何是好？要賺錢，還是要生活？很矛盾。他們告訴我：「七年前的澳門與現在根本是兩個世界，以前澳門人雖然只有幾千元工資，但生活悠閒，現在澳門人的生活節奏比香港人還要急！」況且，賭業的大餅是否真的無限大？這幾年充斥在澳門賭場人數最多的是大陸來的暴發戶，他們的錢從哪裡來？這些錢又往哪裡去？錢有那麼好賺嗎？賭客能揮霍到什麼程度？尤其還有洗錢、犯罪、毒品等衍生問題，都是澳門面臨扶貧工作時不得不正視的問題。澳門官員告訴我們，澳門的變化非常快，做任何事都只能隨機應變，根本沒有辦法作長期計畫，有錢趕快賺，能做的趕快做。

貧窮可以避免嗎？

加拿大學者泰德．布魯斯（Ted Bruce）分享「貧窮不是不可避免」的研究，他發現社會環境對貧窮影響很大，比如說窮人得慢性病和富人得慢性病的結果是完全不同，兩者壽命相差約十年。他再以數據證明經濟成長會影響個人健康，收入雖然增加了三％，醫療支出卻也相對增加八%，這是社會必須思考的。至於，解決貧窮，許多數據證明可減少大筆的社會支出。他認為最好的方法是政府能提高社福預算，建立一個幫助窮人提高教育與社經地位的平台。不過，話說回來，扶貧在各國政府施政的優先順序都不會是最重要的。

我問泰德，加拿大退出《京都議定書》，不再履行減碳協議，他的看法如何？他很沮喪，他認為加拿大的政府錯了，而加拿大人民也要有更清楚的共識，才能要求政府為世界負責任。

其實，全球排碳量第一的中國與第三的印度這兩大開發中國家，以及全球排碳量第二大的已開發國家美國，都以可能損害經濟發展為由，從一開始就選擇不加入《京都議定書》。理想和現實之間的距離還是頗遠的。類似的情況，在日本發生福島核能電廠外洩的危機之後，德國政府即宣布要提早貫徹非核家園。至於台灣呢？前幾年許多城市積極爭取設立賭場，還有許多破壞生態、包山包海的BOT案，由此可以知道人們考慮的是哪個層次。

來自梵蒂岡的國際明愛會秘書長華米施，談到「如何從對抗貧窮與不公平以建構公義的社會」。他很全面的分析世界各國窮人所面對的共同問題，包括經濟衰退、醫療不足、權益不受尊重、極端主義與社會保障衝突、移民問題、環境惡劣等，站在教會的立場，我們不能視而不見。他引用前任教宗若望保祿二世曾說過的一段話，窮人要團結互助，以非暴力方式與政府溝通，而教會要站在窮人的同一邊，從窮人的角度瞭解其困難，以組織的力量解決其問題、滿足其需求，最重要的是要「相信窮人」！國際明愛會為自己訂下目標，希望在二〇一五年底前，讓全世界的窮人減少一半。偉哉斯言！

教宗本篤十六世曾說：「聖教會是正義與窮人的護衛者。」明愛會正是聖教會使命的核心，是天主在基督內愛全人類的記號。國際明愛會就是「國與國之間、民族與民族之間，彼此相愛」，是我們對天國的期待的表示。根據《天主是愛》通諭：「愛需要有組織，好能為團體作有秩序的服務。」明愛會就是這樣一個實現聖教會使命的有組織的展現。它為天主在我們間的愛作見證；這愛是為所有人，尤其是為最最微小的人以及窮人。要與窮人休戚與共，因為他們是「我的兄弟」，在親自接近窮人的同時，也要努力去瞭解貧窮生成的原因。

從扶貧創造幸福感

每年全世界有八百萬名兒童因貧窮造成死亡，四〇%來自三個國家：印度、尼加拉瓜、剛果，然而這幾個國家都投入高額的經費在發展軍事武力。當全世界二〇%的富人使用著全世界八〇%的資源，貧富之間不平等的關係，逼得生活困苦的人們不得不怒吼，他們發起占領華爾街運動（The Occupy Wall Street Movement），抗議貧富懸殊，他們的口號很清楚：「貪婪的百分之一對抗被苛待的百分之九十九，抗議經濟資源被社會極少數富人把持，大多數人遭受不公不義的對待。」或許自由經濟並不是最好的選擇，生命中還有更重要的事物值得去追尋。喜馬拉雅山下的小國不丹，人口只有七十一萬，GDP世界排名一二五，但是不丹政府不在意GDP，他們以「國家幸福指數」（GNH）作為衡量國家發展的標準，關注工作、身心健康、兒童貧窮率及社會福利等與人民息息相關的議題，國家雖窮，人民卻很快樂，世界幸福排行遠遠勝過台灣（世界排名七十），相較於另一個國家瑞士，全球富人比率世界第二，但是幸福指數世界第四，僅次於丹麥、加拿大、挪威。瑞士富而幸福、不丹窮而快樂，可見財富和幸福感不一定劃上等號。如今，日本也打算以幸福指數作為未來國家發展的指標。

「幸福感」正是台東聖母醫院企求發展的方向，醫療不應只是看「病」，醫院也不應該只是醫「病人」，應該以「人」為中心，走出圍牆，進入社區，營造健康的環境，幫助所有的人同獲健康。我們以醫院做為平台，結合不同的社會資源，搭一座無形的橋梁，將窮人與富人、身體與心靈，還有醫療、藝文、教育、農業、宗教以及社會福利，全部串連起來，讓人們多一點「幸福感」。

大陸來的朋友很喜歡我講的內容，也很驚訝於台灣民間在社會福利工作的熱情投入。目前大陸的濟貧工作才剛起步，完全由政府主導，並沒有和任何非營利組織合作，民間力量尚難找到發揮的空間。全中國有一三％的老人，約一億七千萬人，主要集中在農村，現在是由中央政府提供養老金，政策看似很容易推行，然而問題並沒有得到解決。老人拿到了這麼一點小補助，怎麼用呢？光是看個病都不夠用了，生活還是沒人打理，因為年輕人都到都市打拚了。在城市打拚的鄉下年輕人想要爬上枝頭變鳳凰談何容易？多數人都過著貧窮線以下的悲慘生活，未富先老，變成另一群城市窮人。預估到了二〇五〇年，中國將有超過三一％的老人，再加上貧富懸殊，還有一胎化等亟待克服的問題，更別說富人炫富，在媒體的推波助瀾下，造成社會「笑貧不笑娼」的不良影響。

濟貧教富

相較於台灣，台灣雖小，人民卻非常善良，也要求企業團體有責任。台灣人一年捐出四三〇億元，光是日本大地震就捐了六十六億元，是世界第一。任何地方有需要，台灣人捐錢總是不落人後，民間投入救濟也是不遺餘力，最知名的莫過於佛教慈濟功德會，慈濟也是第一個獲准在大陸設立的境外基金會。二十年前，慈濟人進大陸，是賑

台灣宗教界因救災所發行的《陪伴月刊》。

我們在尋找一個改變世界的方法！希望讓世界變得更好！

香港首富李嘉誠出資興建的慈山寺，此為觀世音菩薩最為人熟悉的形象。

位於香港市中心的志蓮淨苑。

災，二十年後，是要交心。網際網路縮短了時區和距離，或許我們也可以廣義的思考，將扶貧募款的工作視為資源動員，連接捐款、宣傳，以及志願服務的參與，再搭一座「濟貧教富」的橋。

香港明愛會是亞洲最大的明愛會組織，約有五千位員工。他們做的工作也是包羅萬象，嘗試在各方面創造其可能性。有位學者的提問很尖銳，他說他小時候住在香港明愛會附近，經常看明愛會的辦公室裡人潮擁擠，但是這些年來再也看不到了，他很擔心明愛會正在走下坡了，外界也看不到明愛會做了什麼，應該要多做一點宣傳。

香港明愛會社會工作部陳美潔部長很堅定地回答，她不知道學者所謂的明愛會走下坡的證據何在？而且民眾到明愛會的辦公室做什麼？明愛會是要出去服務的，要服務的人通常都在外面。至於出名與否，「我一點也不在乎！我們的工作不是為了出名，是要解決問題！」（現場響起如雷掌聲）。

是呀！我們在尋找一個改變世界的方法，讓世界變得更好！教會的合一並非事工上的合一，而是在靈性上的合一，只要「有心」，我相信就能創造奇蹟！

陀羅尼品

第二十六

爾時藥王菩薩即從座起，偏袒右肩，合掌向佛，而白佛言：「世尊，若善男子、善女人，有能受持《法華經》者。若讀誦通利，若書寫經卷，得幾所福？」

佛告藥王：「若有善男子、善女人，供養八百萬億那由他恒河沙等諸佛，於汝意云何？其所得福，寧為多否？」

「甚多，世尊。」

佛言：「若善男子、善女人，能於是經乃至受持一四句偈，讀誦解義，如說修行，功德甚多。」

爾時，藥王菩薩白佛言：「世尊，我今當與說法者陀羅尼咒、以守護之。」

——《法華經．陀羅尼品第二十六》

「陀羅尼」的意思是咒語，雖然聽不懂，卻存在著某種宇宙的力量。就像中文的「我愛你」，聽得懂，就感受得到「愛」。哲學家尼采說：He who have a 'why' to live, can bear with almost any 'how'. 即有志者，知其為何而活，幾乎能忍受所有一切。而這個'Why'，神秘難解。

我曾作過一個夢。夢中。我走到海邊，沙灘上翩翩飛來一隻長約半公尺的黑色蝴蝶。我很興奮，張開手掌，蝴蝶便停落在我的掌心，一瞬間，幻化成一張油紙，略顯破損的紙面上布滿看不懂的文字和船的圖案。我將油紙朝天空送出，油紙瞬間又變成蝴蝶，飛呀飛的，又停落在我的手上，再變回油紙。那感覺很像敬字亭內燒化過的字紙，「過化存神」變成蝴蝶回天庭繳命。我小心翼翼地將油紙夾在書頁裡收藏起來。

離開前，一位中年男子叫住我：「你是不是拿了不該拿的東西？」

「什麼東西？」我很納悶。

那男子自言自語嘰哩咕嚕彷彿唸咒，說：「你撿到的那張紙是要化給大海的。」

突然，我懂了，他唸的是油紙上的文字，但奇怪的是他既沒有看到紙，又怎麼讀得懂那些字？或許我不該將這張紙帶走，就像考古學家不應該去挖墓，打擾入土為安的靈魂。

海邊有一間小土地公廟，廟門前有好幾堵磚紅色矮牆，幾位老人家坐著閒談，感歎著這些人工建築破壞了沙灘原有的美，也讓溪流的出海口縮減了。

我點了一炷香，忽然身體不由自主地靈動了起來，持香如舞劍，刺向供桌上的一尊觀音瓷像，瓷像竟黏在香上隨之起舞。我知道這是不可能的，除非有神。放下觀音後，香又點起另一尊木製神像，一陣狂舞後，神像落在供桌的燭火之上，整個燒了起來。火光明滅中，那神像猛然吐出一大口鮮血說：「我是韓湘子。」神像被燒個精光，餘燼中，桌子上出現「雙魚」的黑色烙痕。

這個夢境可以有多重解讀，似乎搔到了心靈癢處，卻又無法清楚解釋。特別是蝴蝶和雙魚都有「改變」的象徵，無論是形態或者內在。

我在伊斯坦堡所看到的葛蘭運動

應「安納托利亞協會」之邀，宗教與和平協進會前往土耳其伊斯坦堡參訪。這也是我第一次進入完全屬於伊斯蘭（Islam，舊稱回教）的世界，全世界有十六億穆斯林（Muslim，伊斯蘭教徒）、占全球四分之一的人口，但是台灣民眾對於穆斯林的認識卻普遍淺薄，包括我在內。過去僅從書本和媒體去認識伊斯蘭信仰，自以為瞭解了「念、禮、齋、課、朝」五功，但實際參與了穆斯林的生活，便發現自己的不足，甚至誤解。這就是佛教所謂的「所知障」。信仰生活，從來就不光是書本裡的知識、常識或儀式，而是落實在人們心中「人與神的關係」，以及落實在日常生活的具體表現。

伊斯坦堡曾是東羅馬帝國首都，是土耳其最大的城市和港口，位處歐亞兩大洲的交接處，揉合了古今文化、傳統與現代，以及基督宗教與伊斯蘭教兩大信仰，整座城市呈現繽紛多彩的異國風情。而此行最主要的目的是要瞭解「葛蘭運動」，土耳其文Hizmet，意味著「服務」，如同基督教徒投身的宗教行動與慈善事業，葛蘭運動是以伊斯蘭信仰為基礎、法士拉．葛蘭（M. Fethullah Gülen）的思想為骨幹的多元文化組織。

有人幫我嗎？

法土拉・葛蘭一九四一年生於土耳其埃爾祖魯姆省（Erzurum），是虔誠的伊斯蘭教徒及「蘇菲」（Sufism）導師，土耳其當代重要思想家、宗教家、教育家。他的思想鼓舞了許多個人或團體自發性地參與行善利他的工作。葛蘭運動有幾個特殊的地方是：沒有最高領袖、沒有規劃或特定指標。至於工作人員雖然多為穆斯林，卻非宗教組織，所謂的「成員」沒有一定的數目，採完全是開放而「鬆散」的運作，可隨時退出。鬆散這字眼最是有趣，意味著相當的彈性和自由度，這對於有組織的團體而言是很不可思議的。入會費五里拉（約台幣一百元），每個月約增加兩千人，目前全土耳其有四十萬會員。土耳其人口七千六百萬人，經常性參與葛蘭運動的人數，粗估在一百萬至八百萬人之間。

其中，國際人道救援組織（Kimse Yok Mu，簡稱KYM，意思是「有人幫我嗎？」、「有你真好」）開始於二〇〇五年，在全世界六十個國家皆有成立分會，以「救濟、教育和文化交流」對抗現今世界的三大敵人：「貧窮、無知、誤解」。以救濟為例，多年來KYM支援了二〇〇五年巴基斯坦地震、二〇一〇年海地地震、協助處理蘇丹缺水問題、在緬甸海地蓋學校、二〇一一年並為八千多名視障人士提供醫療。

我們前往KYM媽媽拉海分會拜訪，分會副總經理阿瑠向我們介紹說：「以前，我們是被幫助的人。現在我們有能力了，就應該去幫助別人。」他向我們介紹ＫＹＭ標誌的意涵：眼睛就是要看到需要和尋找需要的人，眼淚代表悲憐之心，下列的文字說明人們要互相合作。其中「姐妹家庭制度」（Sister Family），即由ＫＹＭ主動扮演橋梁，讓每一位離鄉在外的土耳其人都一定有人照顧。至於經費來源，《古蘭經》教義是施善，每一位穆斯林皆應捐出所得的二．五％（即為五功的「課」），所以經費始終不是問題。至於捐款方式有小額捐款、手機簡訊捐款等。阿瑁說：「所有穆斯林家庭也都會讓孩子從小就開始捐款、做善事，祈求父母身體健康、阿拉赦免其罪。」

我印象最深的是分會隔壁的一間小雜貨鋪，裡面整齊陳列著許多日常用品，吃的、喝的、穿的，賣相都不錯。原本我以為這是分會所經營的賣場，結果不是，這是提供救濟的物流中心，住在附近任何有需要的人，每半年一次可以拿七件全新的衣服，三個月補給一次日常用品。媽媽拉海分會負責照顧一千兩百個家庭，整個土耳其ＫＹＭ有二十八個分會，照顧約四萬個家庭。

我問阿瑁：「你說任何有需要的人都可以來拿。你怎麼知道他們是不是有需要的人呢？」

阿瑁說：「來拿的就是有需要的人呀。」

「不會有人多拿嗎？」

「為什麼要多拿？」阿瑁愣了半晌，似乎這裡沒有發生過這樣的事，他繼續說：「多拿表示他需要，沒有關係的。」

「拿多少東西，難道你們都不登記嗎？」

阿瑁笑得很尷尬：「不需要的。」

「你們不用向政府或捐贈者交代嗎？」

「我們是私人機構，所有捐給我們的人都相信我們，我們不用對誰交代。」

呵！很難想像這樣的單位如果在台灣會是怎樣？貪心的人來搶好康的，政府也不可能不管吧？結果許多社服團體為了應付政府的監督機制，反而要投入大量的人力和時間打關係、寫報告。這讓我想起五十九歲過世、台東成功家婦中心的黃菊妹修女，她獲得內政部表揚為特優社工員的同時，卻被診斷出罹患乳癌末期。她說：「得到人間的表揚，沒有太大的意義。去彰顯主的榮耀在人間，這才是修女應該做的工作。」身為有信仰的人，需要面對的只有天主呀！

離開媽媽拉海分會前，雙方互贈禮物作為紀念。台灣人好禮，禮物一個接著一個，讓阿瑁經理很不好意思。他說：「你們送了這麼多，我們卻只有這個盤子，但我們把心全部送給你了。」

美感很重要

葛蘭運動非常重視教育，以基金會之名在世界各地廣設八百所學校。我們到位於伊斯坦堡的法提（Fatih）參訪，負責接待我們的是工程學院院長傑德（Jade）。

土耳其境內有二十一所法堤大學，全世界共有二十八所，並設有三所醫院，讓學校培養出來的醫師有實踐理念的地方。法堤大學與台大、成大、中山都是姊妹校，學費一年約台幣三十萬，外籍學生大多會爭取獎學金。土耳其人大學畢業生的比例約為四〇%，目前全校有一萬兩千名學生，二%是外籍學生，採雙語教學（土耳其語和英文）。學校設有中文系，看準的是未來進軍大陸市場，其中有四名台灣來的學生，分別就讀土耳其文學系、國際關係與管理系。

我問傑德：「你們在學校會特別去強調葛蘭運動嗎？」在台灣許多宗教團體所設立的學校會有一些特別要求，譬如，有些佛教大學要求全校吃素、穿制服。

傑德說：「不會的。但是如果學生想知道，我們會提供機會讓他們瞭解。我們喜歡和學生互動，學生喜歡我們，就會想瞭解我們背後的精神。」

接下來我們到「巴贊報社和銀河電視台」參觀，《巴贊時報》包含五個印刷廠，每天發行一百萬份，是土耳其第一大報。雖然也有網路電子報，但是實體報紙的銷售量仍逐年上升，基本上支持葛蘭運動的人都會訂閱這份報紙。他們說土耳其人民喜歡紙上閱讀，尤其網路充斥似是而非的錯誤訊息，報社編輯則會善盡媒體守門人的責任，提供正確且即時的新聞。報社門口有幾個大字：5NIKIT，這是報社的創立宗旨，意思就是要提供正確、快速、確實的新聞內容、以及版面的「美感設計」。確實，報紙層次分明的清爽設計，讓人一眼就知道這是《巴贊時報》。至於銀河電視台，以英、土、阿、俄語四種語言對外播送，提供即時新聞給當地上百家電視台，他們並積極推動與社區的關係，每個月大約有三千人來參觀。

《巴贊時報》特別重視「設計」的這部分讓我很驚喜，這會讓我想起二十多年前第一次接觸《人間》、《天下》這幾本雜誌的感動。為什麼這麼說呢？因為許多宗教團體的出版品實在讓我不敢恭維，編得很「難看」。靈性高的人理應要很有美感才對，實則不然，美感有時候是需要培養的。或許有人會說內容才是最重要的，若能編得更好，讓人閱讀時更歡喜，為什麼不做呢？如果你看過早期手抄本的《聖經》或者《古蘭經》，你會被書裡面每一頁、每一筆的專注和用心所感動，那是人們對於信仰的虔誠表現。

住在台灣的穆斯林告訴我，台灣很多電話亭或車站，常有許多宗教善書供人免費取閱，但是經常覆滿塵土、看起來破破爛爛的很沒有價值。穆斯林說他們絕對不會把《古蘭經》到處亂放，因為經典很重要，怎麼可以亂丟、任其風吹日曬雨淋呢？

藍色清真寺。

KYM參與2011年地震救災。

有些東西，不同才好

二〇一四年三月，土耳其總理埃爾多安宣布，全面禁止使用「推特」，因為推特未能遵守土耳其政府要求刪除部分消息的規定，此舉引發國內外輿論強烈反彈。埃爾多安說，他並不在乎國際社會如何評論，所有人都將看到土耳其共和國的強大。原以為「言論自由」早已是普世價值，正如民主、自由、非暴力應該都是，實則不然，包括近日在台灣發生的許多街頭運動，起因還是溝通不足。大家都在學習，只是不曉得還要流多少血、淚，人們才願意多一點對話！

葛蘭確實有先見之明。早在一九九四年，葛蘭即協助成立了「記者與作家基金會」（Journalists and Writers Foundation），推動社會各階層不同團體的「對話」。這個基金會是當時土耳其唯一的對話單位，因為土耳其人覺得和其他單位討論很奇怪，後來才有其他組織成立類似的單位。接待我們的是曾在美國紐約擔任記者的庫茲烈，他表示奧圖曼帝國原有七十六個不同的民族，一九二九年成立的土耳其共和國，許多民族都因民族主義的想法尋求獨立，造成土耳其近百年的動盪。庫茲烈表示，如果說土耳其只能有一個民族、一種語言，那是勢必行不通的。現在土耳其成立了共和國，大家會說所有國內的民族都是土耳其人。

庫茲烈說：「葛蘭是知識分子，他創造了一個對話平台，讓討論回到桌子上，而不是街頭或者戰場。不一定非要討論不同之處，討論共同點就可以幫助社會。幫助社會也不一定要用宗教的名義出發，才不會被排斥。若只是談宗教，就自我設限範圍了。」

目前基金會有五個部門都是為了對談和交流而設立，後來成立了講庫德族語的電視台，學校也開始有庫德族語的教育。庫德族分布在伊朗、伊拉克、敘利亞、土耳其邊界之間，這四個國家雖然在國際事務上常有歧見，但都對庫德族問題有個共識，那就是全力阻止庫德族獨立。二〇一一年敘利亞內戰，至今死亡人數突破十三萬，流亡國內外的庫德族難民超過六百萬人。

庫茲烈沉重地說：「從前在土耳其，庫德族語是不能在公開場合使用的，甚至學校的教科書談到土耳其歷史被敵國侵占，講的都是『恨』。一直談過去的仇恨，未來是不會有和平的。」

千百年的恩恩怨怨，確實剪不斷理還亂。其實，台灣的二二八、白色恐怖，還有與中國大陸的兩岸關係不也如此？

庫茲烈表示：「所以，協會以傳遞文化、保存文化，去分享不同民族文化的共通點。我們交談、我們發現、我們改變、邀請志同道合的土耳其人一起加入，一定有可以交談的議題。文化愈不同愈好，否則世界將變得十分無趣。政策的不同代表不同的路，

聖蘇菲亞教堂內部的
聖母抱聖嬰圖像。

蘇菲亞教堂內基督宗
教與伊斯蘭教文化共
同呈現。

做做看，不行，再換另外一條路。畢竟，這是民主時代。」

我問了一個政治問題：「以你的瞭解，台灣和中國大陸是怎樣的關係呢？」

庫茲烈回答：「如果說台灣是中國的一部分，我想很多台灣人會難過。相反的，如果不是，許多中國人會難過，我覺得這應該由你們自己去決定。」

我不禁好奇，在遙遠的國度的他對台灣的認識會是如何？

他說：「台灣是一個島、一個國家，如果我有機會去台灣看看，一定會更認識台灣。實際去接觸所得到的資訊通常會最好也最正確，而文化對談是不會被拒絕的。」

聖蘇菲亞教堂

文化，確實是比較不會引起爭議的交流。在土耳其的最佳見證，就是有一千五百年歷史的聖蘇菲亞教堂，聖蘇菲亞（拉丁語Sancta Sophia），希臘語的意思是上帝智慧。教堂始建於四世紀，有著直徑約三十三公尺的巨大圓頂，堪稱拜占庭式建築代表。直到拜占庭帝國滅亡為止，聖蘇菲亞教堂一直都是屬於基督教的教堂，時間長達九百餘年。

鄂圖曼土耳其人在一四五三年征服君士坦丁堡（伊斯坦堡舊稱），蘇丹穆罕默德二世驚豔於聖蘇菲亞教堂的美，不捨得將它破壞，便用灰泥覆蓋牆壁上的基督教馬賽克鑲嵌畫，重新繪上代表伊斯蘭教的花草圖案及可蘭經文，並掛上以阿拉伯文書寫的伊斯蘭教聖人名字的大圓盤，另外在外面增建喚拜樓。在最少的破壞下，聖蘇菲亞教堂搖身變為一座清真寺，同年舉行第一次的穆斯林禮拜，聖蘇菲亞教堂便以清真寺的樣貌度過了四百多年。隨著土耳其共和國的建立，一九三四年土耳其國父凱穆爾取消了教堂的宗教用途，將其變更為博物館，長期被掩蓋住的基督宗教畫像也得以重見天日，與伊斯蘭文化同時呈現在世人眼前。

曾經輝煌、幾經戰亂，如今在聖蘇菲亞教堂這座建築裡，基督宗教的聖像和伊斯蘭教聖人的名字並列著，神父、修女、穆斯林以及來自世界各地不同信仰的人們一同仰望人類對於信仰的讚歎。十四年前，我在我在寫的第一本書《心領神會》與聖蘇菲亞教堂第一次相遇，如今，我站在她的中心點，與眾人眾神一起為世界和平祈禱。

哪間清真寺的祈禱最靈驗？

因相愛，別人認出我們是基督徒。至於如何認出穆斯林呢？伊斯蘭的原意是接納和順從，順從禮拜真主阿拉，將恩典慷慨地分送給身邊的人。正如大海的水來自不同的河流，心中對真主有愛的人會聚集到同一個地方。對我而言，我與這些心中對真主有愛的人聚集到一個我在伊斯坦堡停留最久的地方——藍色清真寺。

藍色清真寺（Sultan Ahmed Mosque［The Blue Mosque］），建於一六〇九至一六一六年，是鄂圖曼帝國輝煌時代的傑作。寺的外圍矗立了史無前例的六根喚拜塔，寺內四支被稱為「象腿」的巨形石柱支撐起大圓頂，每支巨柱和外牆再撐起四個半圓頂，外圍牆和半圓頂再被三十多個小圓頂圍繞，牆面上則鋪滿兩萬多片花青色勾繪藻紋的磁磚。美不勝收！

我跟隨土耳其地陪、目前就讀台大研究所的柏宏一起進到藍色清真寺，我學習當個穆斯林，一起洗淨、禮拜、祈禱。穆斯林一天五次朝麥加的方向禮拜（即為五功的「禮」）。想到此時此刻，我正與全世界十幾億人朝同一個中心點禮拜，如此充沛的精神能量電得我頭皮發麻，渾身起雞皮疙瘩。很像我第一次讀到這段話的感動：「吁，瑪利亞，無原罪之始胎，我等奔爾台前，為我等祈。」充滿動態與虔敬。

離開藍色清真寺，我不禁問柏宏：「你覺得你在哪間清真寺祈禱最靈驗？」我故意使用靈驗這字眼，因為很多人的信仰是與神談條件的交換行為。

柏宏微笑說：「對於穆斯林來說，每間清真寺都是禮拜真主阿拉的地方，都是一樣的。」

當晚，我沒有隨團去洗土耳其浴也沒有去看蘇菲旋轉舞，我留在藍色清真寺靜靜地坐著，體會我與阿拉的交流。有趣的是，現場竟然開始打燈光、架起大螢幕、甚至搬來了電視轉播的吊桿。入夜後，進來的人愈來愈多，擠得滿滿的。晚上，我回到旅館，打開電視，竟然就看到藍色清真寺的現場直播。隔天，我問柏宏。他說，昨晚是土耳其人一年當中最重要的三個祈禱夜之一——培拉特夜（Berat Gecesi），意思是「寬恕之夜」，穆斯林會一起到清真寺祈禱。

多麼奇妙呀！我在伊斯坦堡就只有這一晚有時間留在藍色清真寺，竟然就在這麼特別的日子與這麼多穆斯林一起祈禱。感謝阿拉！感謝天主！感謝佛陀！

後記

二〇一六年五月，土耳其發生軍事政變未遂之後，總理埃爾多安指責是居住在美國的葛蘭背後指使，進而宣稱葛蘭組織為恐怖組織，進行大規模掃蕩，數萬人被解雇、逮捕，被逮捕者有三分之一的軍隊高級將領和數千名政府官員。本文提及的所有相關單位及人員全部遭到解散。

妙莊嚴王本事品第二十七

於是二子念其父故，湧在虛空，高七多羅樹，現種種神變，於虛空中行住坐臥，身上出水，身下出火，身下出水，身上出火，或現大身滿虛空中，而復現小，小復現大，於空中滅忽然在地，入地如水，履水如地，現如是等種種神變，令其父王心淨信解。

時父見子神力如是，心大歡喜，得未曾有，合掌向子言：「汝等師為是誰，誰之弟子？」

二子白言：「大王，彼雲雷音宿王華智佛，今在七寶菩提樹下法座上坐，於一切世間天人眾中廣說《法華經》，是我等師，我是弟子。」

父語子言：「我今亦欲見汝等師，可共俱往。」

於是二子從空中下，到其母所，合掌白母：『父王今已信解，堪任發阿耨多羅三藐三菩提心。我等為父已作佛事，願母見聽於彼佛所出家修道。」

——《法華經．妙莊嚴王本事品第二十七》

當我們開始進入菩薩道，家人自然成為修行的主要對象。

〈妙莊嚴王本事品第二十七〉講述妙莊嚴王的兩個孩子，請求母親允許他們去聽講《法華經》，母親卻希望他們邀請父王一同前往。於是，孩子們以學習而來的力量，讓見多識廣、位高權重的父親折服，進而願意接受佛法。

在不同信仰的家庭與家人相處，不要一直想「說服」對方，才能避免衝突；相反的，應該認真的「活」出你的信仰的良善，讓父母親願意接受你的改變（或者不聽話），才有機會接引他們一同認識你的信仰，變成更好的人，這才是盡「孝道」。

看不見的台東

政治，是管理眾人的事。但「管理」這個字眼並不是很恰當，畢竟人不是物件，有「心」的政治人物會用「服務」。政治，是服務眾人之事。於是，從政之人的起心動念便有了差別，政客藉由管理眾人之事來謀取自身利益；反之，有信仰的政治家，寧可犧牲小我，以謀求大我的最大益處。

宗教亦然，不只是「上所施，下所教」，而是服務心靈之事。服務眾人之事的政治，與服務心靈之事的宗教之間的關係更須謹慎，兩個「絕對」的領域，一旦假藉彼此之名，心念不正，一旦政治野心塑造宗教狂熱，宗教力量操弄政治權謀，那就是眾生災難的開始。

這篇台東縣長饒慶鈴的採訪稿，撰寫於二〇一八年，當時她擔任台東縣議會議長。我認識議長超過十年，議會去過幾次，但感覺都不是很好，頭會脹會痛、身體緊繃。我知道那不是人的問題，而是「看不見」的問題。我並沒有跟她多說，免得被誤會。直到她決定參選縣長，議會公館接連出現異象，似乎連空間都扭曲了，她才問我。我說，正因為妳的公職角色，可以渡化徘徊於此地的眾生，所以他們想辦法來提醒你。她又問該怎麼做？我說，公開的為他們做，他們會接收到的。於是，寫成了這篇〈看不見的台東〉。

十多年前，台東縣議會邱慶華議長罹患重病，議會諸事不順，於是幾位議員相約一起到廟裡拜神求平安。當晚神靈附體乩身，關聖帝君說是議會的風水出了問題，因為興建議會大樓時「謝土」做得不夠，所以在那裡工作的人都會受到影響。帝君甚至直言邱議長這關過不了，會死，這屆的議員還要死三人，而且在場的所有議員都難逃牢獄之災。這可把大家嚇壞了，急著問能否做點什麼來彌補？帝君說要辦普渡，超薦亡靈。至於已經發生了的事情已無轉圜餘地，但至少可保後人平安。這是議會每年會在農曆七月固定舉辦普渡的緣由。當然，我在擔任議長期間也比照辦理。感謝所有「看得見」的、還有「看不見」的協助，這十年大致平安。

子曰：「敬鬼神，而遠之。」或許你會疑惑候選人怎麼敢公開講怪力亂神？說真的，身為政治人物，我無可避免一定會到一些所謂「不乾淨」的地方，有時讓我的身體莫名的難過（俗稱「卡到陰」），還得靠某位靈通的師姐幫我排解（這位師姐是漢人，主要服務的客戶卻多是原住民）。師姐告訴我：「因為看不見的眾生知道你有能力幫助他們。如同議會要普渡，人也要做功德。」當然，不同的宗教對於神鬼之說各有看法，我尊重每個宗教的堅持。但我願意分享天主教總主教說過的一段話：「農曆七月是台灣人表達博愛精神最巔峰極致的時候，因為他們在拜那些沒有人祭拜的先人。」於是，凡所有為我祈禱的（包括基督教）、為我祝福的（包括佛教），我都心存感激。不論看得見的或看不見的，只要我能力所及，我都願意去做。人在做，天在看。

年初，好幾間宮廟的通靈者不約而同的都來跟我說，要我搬離議會公館。他們說議會公館是公共場所，競選期間的我需要有暫離群眾的休息空間。我把這話放在心上，但工作一忙，事情便耽擱了。沒想到不久之後，公館的家電接連出狀況，冷氣機故障、房鎖反扣，甚至我的家門鑰匙也不見了，我被自己的家關在門外，哭笑不得。我這才意識到，「他們」是用盡辦法提醒我趕快搬家。

而這幾個月以來，我在看得見的生活中遇到的大小困擾，看不見的世界竟然也適時提出建言，給我信心。尤其是當我決定以「台東，不只是台東」作為競選口號時，我也擔心是否會不易瞭解？奇妙的是，好多的「不只是」突然從四面八方以各種形式不斷地出現，不只是文字、不只是電影、不只是圖書館、不只是建築等等，彷彿全世界在回應我。我感受到「與神同在」、「神而明之」的喜悅，確認了方向，我勇於面對挑戰。

最近看了一部記錄片叫做《看不見的台灣》，以通靈者為題材，意外記錄了鄭成

日本能劇代表人與神鬼的對話，又稱「幽玄的藝術」。「能面」的作用亦是讓扮演者變成面具呈現的角色，為世界無形文化遺產。

在台東街上隨處可見的跳八家將，負責為神明開路。扮演者畫上臉譜，象徵由人格變為神格。

功的靈體與原住民西拉雅族的祖靈如何溝通，尋求「和解」，要向三百年前的屠殺血案道歉並超渡亡靈。片中最讓我印象深刻的有兩點：一、在靈的世界，根本不存在「和解」這件事，是人間需要和解。二、鄭成功的自我懺悔，所有因他之名而起的殺戮罪孽，這些業障都要算在他身上，不得超生。為政者豈能不警醒？鄭成功表示超渡後，他會在靈界守護海峽兩岸的和平，不希望再有人因此流血了。

除了國共恩怨，台東需要和解的衝突也還很多：包括原住民與漢人、國民黨與民進黨之間，都需要一個無私心的人作為溝通者。「和解是未來的開始」。我愛台東，我願全心奉獻給台東，包括「看得見的台東」與那個「看不見的台東」。

「不亂於心，不困於情；不畏將來，不念過往。如此，安好。」

後記

選舉最怕犯錯，不要觸及爭議性太高的議題比較安全。饒慶鈴的競選團隊全部反對發表〈看不見的台東〉，儘管仍出現了許多奇妙的徵兆不斷鼓勵她。最後，她選在半夜「偷偷」發表這篇公開文宣。沒想到文章點閱率和討論度都是她所有文宣中最高的，當然也遭受到不少不同宗教信徒的批評：迷信。最後，饒慶鈴以六〇%的選票，有史以來台東的最高票當選縣長。就職後，她以台東縣長的身分舉辦超渡法會。隔年，她獲得《遠見》雜誌評選為新進地方首長的第二名，同時在網路社群媒體的正面評價全國第一。

2016年教宗聖方濟與君士坦丁堡東正教主教開啟了雙方分隔八百年後的第一次對話。

普賢菩薩勸發品
第二十八

佛告普賢菩薩：「若善男子、善女人成就四法，於如來滅後，當得是《法華經》，一者、為諸佛護念，二者、植眾德本，三者、入正定聚，四者、發救一切眾生之心，善男子、善女人，如是成就四法，於如來滅後必得是經。」

——《法華經．普賢菩薩勸發品第二十八》

《法華經》最後一品〈普賢菩薩勸發品第二十八〉，敘述普賢菩薩發願，只要有任何人修習《法華經》，他就會現身護持，讓佛法普及，永不斷絕。普賢菩薩是行動派的保護者，有十大行願：禮敬諸佛；稱讚如來；廣修供養；懺悔業障；隨喜功德；請轉法輪；請佛住世；常隨佛學；恆順眾生；普皆迴向。

佛教的「勸發」，就像是天主教的「傳福音」，不是去改變別人的信仰，而是去幫助自己和別人的生命向上提升，活出各宗教的真精神。天主教有一位充滿神奇愛的力量的聖人——亞西西的聖方濟（St. Francis of Assisi, 1182-1226），方濟曾在十字軍東征期間，單槍匹馬前往穆斯林所占領的地區傳福音，希望達成雙方的和平。他的純樸、喜樂、虔誠，深深感動了蘇丹王，為八百年後的宗教和平與對話作出見證。

聖方濟和平禱詞

主啊！讓我做祢的工具，去締造和平：
在有仇恨的地方，播送友愛；
在有冒犯的地方，給予寬恕；
在有分裂的地方，促成團結；
在有疑慮的地方，激發信心；
在有錯謬的地方，宣揚真理；
在有失望的地方，喚起希望；
在有憂傷的地方，散布喜樂；
在有黑暗的地方，放射光明。
神聖的導師！
願我不求他人的安慰，只求安慰他人；
不求他人的諒解，只求諒解他人；
不求他人的愛護，只求愛護他人；
因為在施予中，我們有所收穫；

在寬恕時，我們得到寬恕；
在死亡時，我們生於永恆。

花房瑪麗亞

那天，我到「培質院」迎接前來參加天主教台灣青年日的學員，沒想到瑪爾大修女會的修女們竟然也跟著一起來，她們說想來看看重建後的培質院。會長陳麗卿修女站在我旁邊，她親眼看到培質院和聖母醫院這幾年的改變。她說，天主給了我她比較欠缺的創新和整合能力，要我一定要保重身體。因為她每次看到我，都會想起已過世的黃菊妹修女。

陳修女說：「你倆真的很像。」我笑說：「那是因為我和黃修女有過深刻的宗教交談呀。」可惜黃修女走得太早了，否則我們一定還可以交會出不同的光芒。

陳修女告訴我，這個月她將帶著所有瑪爾大修女們來聖母醫院做乳房核磁照影篩檢。是呀！因為黃修女的逝世，促成了聖母醫院必須完成此事的決心。

簡報之後，我隨便找了個位置坐下。坐在隔壁的一位學員問我是不是有寫過書？我說有。他又問，是不是有關宗教交談？是呀！他猜想他講的一定是《你的耶穌，我的佛陀》。聽他口音不像台灣人，穿著便服也不知是何身分，換我問他。原來他是大陸來的王神父。王神父告訴我，幾年前他在寫論文時，談及兩岸間的宗教交談，引述了《你的耶穌，我的佛陀》的部分內容，沒想到竟然在這裡見到我。是呀！這麼巧？這麼多人、這麼多位置，而我們就坐在一塊。套一句天主教教友最常說的話：「這是天主的安排。」

來到花蓮，在教區成立五十週年慶的會場，我坐在來自德國的白冷會畢維雅修女旁邊，我們很有話聊，雖然這僅是我們第二次見面。第一次是半年前在嘉義，參加主教團的宗教交談委員會，現在她在慈濟醫院的安寧病房學習臨終關懷，談到生死態度，我們之間也有著深刻的宗教交談。

一位文質彬彬的神父從人群中向我走來，他握著我的手說，他正在看《你的耶穌，我的佛陀》。他鼓勵我，邀請我上陽明山與他多聊聊。他來自馬來西亞，是現任天主教主徒會總會長謝神父。

忽然，聖母醫院的前任院長鄭雲修女冒出一句話說：「世賢，我沒有虧待你吧？」我愣了一下才會意過來，原來她指的是當初我告訴她，無論醫院再忙，宗教交談這部分我不能放掉。我謝謝她，她並沒有虧待我，她讓我去做我想做的事。鄭修女似乎心有所感的說：「我確實看到教區因為宗教交談所產生的改變。你做宗教交談是對的。」

彌撒開始前，台灣明愛會會長李玲玲修女把我拉到旁邊，問我何時領洗？她說，你就差臨門一腳，為何不敢踏出這一步？你如果領洗，那將是送給花蓮教區五十年的大禮

全世界有許多人一直在為和平努力著，2017年在泰國舉行的聯合國青年日。

物。一旁的梵蒂岡代辦也鼓勵我要仔細去聆聽天主的聲音。

我答應他們，我會很認真去聆聽的。

李修女安慰我說：「不要害怕喔！」

呵！我怕什麼？我幾乎每天和天主教教徒生活在一起，在這場幾千人的天主教活動裡，我應該是少數幾個非天主教教徒吧。我怕什麼？改變信仰，我會找到主、還是失去主？這麼多清楚的訊息，我怎會不懂？我清清楚楚知道天主給我不一樣的恩惠，所以，現在的我是佛教徒。

活動會場熱鬧滾滾，我望著舞台前的聖母瑪利亞雕像，心裡很踏實，腦海中竟響起崔健的歌〈花房姑娘〉，彷彿唱出了我的心聲。

我獨自走過你身旁　並沒有話要對你講
我不敢抬頭看著你的臉龐
你問我要去向何方　我指著大海的方向
你的驚奇像是給我讚揚
你問我要去向何方　我指著大海的方向
你問我要去向何方　我指著大海的方向

你帶我走進你的花房　我無法逃脫花的迷香
我不知不覺忘記了方向

你說我世上最堅強　我說你世上最善良
我不知不覺已和花兒一樣
你說我世上最堅強　我說你世上最善良
你說我世上最堅強　我說你世上最善良

你要我留在這地方　你要我和他們一樣
我看著你默默地說不能這樣
我想要回到老地方　我想要走在老路上
這時我才知離不開姑娘
我就要回到老地方　我就要走在老路上
我明知我已離不開姑娘

宗教與和平協進會20週年合影。

後序

經流茲土，雖復垂及百年，譯者昧其虛津，靈關莫之或啟；談者乖其准格，幽蹤罕得而履；徒復搜研皓首，並未有窺其門者。

——《法華經．後序》後秦沙門僧睿述

夢中。馬天賜神父邀我一起到山的那一邊，同行的還有幾位好友。山路並不好走，有些風雨，有點冷。神父老了，行動不便，走得氣喘吁吁，但他一直堅持著。我們走過了一大片草原，穿過新生的縱谷，我在地上挖到了一些水晶和綠松石，心想可以帶回醫院院史館做擺飾。走入藏區，只見山裡的孩子身上穿著寫滿了文字的傳統服裝，因為藏文是拼音文字，我雖會念，但不懂得意思，心裡不免覺得可惜。怎知抬頭一看，浩瀚的天空出現大螢幕，而且還有翻譯。望著遠山，我告訴馬神父：「我要帶你去看你不曾見過的風景。」

翻過了山，眼前出現一片百花盛開的河谷。我們相視微笑，一起以「佛教徒的〈天主經〉」，低聲禱告。

我們的天父，我們的佛陀，

願祢的名受顯揚，願我們因祢的教誨而覺醒，

願祢的國降臨，願人間有淨土，

願祢的旨意，尊重包容博愛，

奉行在人間，如同在天上。實現愛與和平的世界。

求祢今天賞給我們日用的食糧，我們心存感謝，

求祢寬恕我們的罪過，煩惱無盡誓願斷，

如同我們寬恕別人一樣。眾生無邊誓願度。

不要讓我們陷於誘惑，法門無量誓願學，

但救我們免於凶惡。自覺、覺他、覺行圓滿。

終於，我來到了義大利亞西西，一起為全人類的和平祈禱。

圖片來源

封面 江賢二

（以下依筆劃順序排列）

人間福報 173上
天主教主教團 382
天主教羅馬觀察報 20下
天帝教 149, 152全
白冷會 140全, 141全, 142, 225右上
台東聖母醫院 53全, 56全, 64下, 68全, 77, 80全, 128全, 129全, 184全, 213, 216, 225下, 269下, 280全, 337
安那托利亞協會 225左上, 365下
杜維浩 160左上, 160右上
宗教與和平協進會 105, 108全, 165下, 313全, 352左上, 352右上, 392
洛桑龍達上師 24
馬天賜 293全
張良一 64上, 281全
統一教 197, 200全, 201下, 202下, 389
陳世賢 3, 20上, 36全, 89, 92全, 117, 120全, 160下, 165上, 172, 173下, 201上, 202上, 237全, 253, 256, 268全, 269上, 272, 301全, 340, 352下, 353全, 365上, 368全, 379全, 396
雲林若瑟醫院 321全
黃丁盛 240

生命講堂

天主任用的佛教徒

定價：新臺幣480元

2020年11月初版
2021年1月初版第二刷

著　　者	陳世賢
叢書主編	林芳瑜
特約編輯	倪汝枋
版式設計	大石
內文排版	立全電腦
封面設計	兒日
副總編輯	陳逸華
總編輯	涂豐恩
總經理	陳芝宇
社　　長	羅國俊
發行人	林載爵

出版者	聯經出版事業股份有限公司
地　　址	新北市汐止區大同路一段369號1樓
叢書主編電話	(02)86925588轉5318
台北聯經書房	台北市新生南路三段94號
電　　話	(02)23620308
台中分公司	台中市北區崇德路一段198號
暨門市電話	(04)22312023
台中電子信箱	e-mail：linking2@ms42.hinet.net
郵政劃撥帳戶第	0100559-3號
郵撥電話	(02)23620308
印刷者	文聯彩色製版有限公司
總經銷	聯合發行股份有限公司
發行所	新北市新店區寶橋路235巷6弄6號2樓
電　　話	(02)29178022

行政院新聞局出版事業登記證局版臺業字第0130號

本書如有缺頁，破損，倒裝請寄回台北聯經書房更換。　ISBN 978-957-08-5651-4 (平裝)
聯經網址： www.linkingbooks.com.tw
電子信箱：linking@udngroup.com

國家圖書館出版品預行編目資料

天主任用的佛教徒/陳世賢著．初版．新北市．
聯經．2020年11月．400面．14.8×21公分（生命講堂）
ISBN 978-957-08-5651-4（平裝）
[2021年1月初版第二刷]

1.法華部

221.51 109017250